LE NOUVEAU GUIDE EN AFFAIRES.

MANUEL

DE

LÉGISLATION USUELLE

OU

Rapports du Citoyen avec la Loi,

LAGNY. — IMP. DE GIROUX ET VIALAT.

MANUEL

DE

LÉGISLATION USUELLE

OU

Rapports du Citoyen avec la Loi,

SUIVI D'UN

FORMULAIRE D'ACTES EN MATIÈRE CIVILE ET COMMERCIALE

Par GRATIEN D'AMAVEI,

Licencié en Droit.

Nul ne peut prétexter de
l'ignorance de la loi.

PARIS

GIROUX ET VIALAT, EDITEURS

12, RUE DE SAVOIE

1848

CHAPITRE PREMIER.

DROITS CIVILS ET POLITIQUES.

Les droits et les devoirs qui résultent de l'organisation sociale ont une double origine : les uns naissent des rapports de la société avec ses membres; les autres, des rapports de tous les membres entre eux. C'est en considérant les personnes sous ces deux points de vue qu'on a dit de leur état qu'il était politique ou civil.

L'état civil est l'ensemble des qualités conférées par les lois qui règlent les relations des particuliers entre eux; l'état politique, l'ensemble des qualités en vertu desquelles le citoyen participe à l'exercice de la puissance publique.

Pour jouir du premier, il suffit d'appartenir à un corps social. pour jouir du second, il faut en outre offrir une capacité suffisante pour le conseil et le gouvernement. L'état civil peut donc être séparé de l'état politique, lequel au contraire présuppose l'autre.

La jouissance des droits civils est indépendante de la qualité de citoyen. Est Français quiconque est né en France, ou ailleurs, de parents jouissant de la qualité de Français.

La qualité de citoyen appartient de droit à tout Français mâle, majeur de 21 ans.

La qualité de Français s'acquiert par la naissance, par le bienfait de la loi, par la naturalisation, par l'acquisition définitive de territoire.

Est Français *par la naissance* celui qui est né de parents jouissant ostensiblement de la qualité de Français.

L'enfant peut être légitime ou illégitime : dans le premier cas, il suit la condition de son père, du moment de sa conception ; dans le second, celle de sa mère, mais du moment seulement de sa naissance.

L'enfant naturel reconnu par son père et par sa mère, devra suivre la condition de son père, car la loi française l'a placé comme l'enfant légitime sous la puissance paternelle.

Est Français *par le bienfait de la loi*, celui à qui le gouvernement confère ce titre comme une faveur. Cette cause diffère de la naturalisation en ce que celle-ci est un droit consacré par la loi à certaines conditions. Ainsi, l'enfant né en France d'un étranger peut, dans l'année qui suit sa majorité, réclamer la qualité de Français, pourvu qu'il déclare, s'il réside en France, que son intention est d'y fixer son domicile, et s'il n'y réside pas, qu'il fasse soumission de l'y établir, et l'y établisse en effet dans l'année qui suit l'acte de soumission.

L'enfant, né en pays étranger d'un ex-Français, peut aussi recouvrer sa qualité, en faisant sa déclaration de soumission. Mais son origine le favorise plus que l'enfant de l'étranger né fortuitement en France. Il peut donc recouvrer sa qualité non-seulement dans l'année qui suit sa majorité, mais il le pourra à tout âge, à partir de cette majorité.

L'étrangère qui épouse un Français suit la condition de son mari, et quoique après le mariage le mari devienne étranger, la femme ne change pas de condition, car rien n'indique en elle l'intention d'abdiquer sa nationalité.

L'étranger devient Français *par naturalisation* et acquiert les droits politiques, lorsqu'après avoir atteint l'âge de 21 ans accomplis et avoir déclaré l'intention de se fixer en France, il y a résidé pendant dix années consécutives.

Il faut remarquer cependant que, d'après un avis du conseil d'état du 18 prairial an XI, celui qui veut se faire naturaliser comme celui qui veut jouir des droits civils en France, doit d'abord obtenir du roi l'autorisation d'y établir son domicile, et que le stage de dix ans ne commence à courir que depuis l'ordonnance d'autorisation. De plus, suivant le décret du 17 mars 1809, il faut qu'après le stage de 10 ans la naturalisation soit prononcée par le gouvernement. Mais un sénatus-consulte du 19 février 1808 permet au gouvernement d'accorder des droits de citoyen, après un an de domicile, à l'étranger qui aura bien mérité de la France par ses services, ses talents, ses inventions, son industrie, ou par les grands établissements qu'il y sera venu former.

Enfin, d'après une ordonnance du 4 juillet 1814, les lettres de grande naturalisation donneront seules le droit de siéger dans l'une ou l'autre des Chambres législatives. La vérification de ces lettres étant faite par les deux Chambres, dispense l'étranger de toute résidence préalable et de toute autre condition.

Deviennent Français *par l'acquisition définitive de territoire,* les habitants attachés à un pays réuni à la France, soit par la conquête, soit par suite des traités. Ils peuvent acquérir les droits de citoyen aux conditions exigées par la constitution de l'an VIII, mais sans être obligé de faire la déclaration préalable et en comptant dans le stage de dix années le temps écoulé depuis la réunion de leur pays à notre territoire; cependant ils sont astreints à déclarer dans les trois mois qu'ils persévèrent dans la volonté de se fixer en France.

Comment se perd la qualité de Français.

La qualité de Français, et par conséquent la jouissance des droits civils se perdent :

1° *Par la naturalisation acquise en pays étranger.* Les devoirs d'un citoyen envers son pays sont indivisibles, et l'on ne peut bien servir qu'une patrie.

2° *Par l'acceptation non autorisée du roi de fonctions publiques conférées par un gouvernement étranger.* Les devoirs que ces fonctions imposent à celui qui les exerce sont incompatibles avec la fidélité due par le citoyen à son pays.

3° *Par un établissement fait en pays étranger sans esprit de retour.* C'est là une sorte de naturalisation, avec cette différence toutefois que la naturalisation ne dépouille le Français d'une qualité que pour le revêtir d'une autre, tandis que par un établissement fait sans esprit de retour, le Français perd une patrie sans peut-être en acquérir une nouvelle. Aux juges seuls est laissée l'appréciation du fait qui constitue l'établissement sans esprit de retour.

Le Français qui a perdu sa qualité par une des trois causes que nous venons d'annoncer, peut la recouvrer en rentrant en France avec l'autorisation du roi, et en déclarant qu'il veut s'y fixer, et qu'il renonce à toute distinction contraire à la loi française.

4° *Une Française en épousant un étranger perd sa qualité*; mais si elle devient veuve elle recouvrera sa nationalité, pourvu qu'elle réside en France ou qu'elle y rentre avec l'autorisation du roi, en déclarant qu'elle veut s'y fixer.

5° *Par l'acceptation d'un service militaire à l'étranger, ou l'affiliation à une corporation militaire étrangère.*

La loi, justement rigoureuse, impose à celui qui a perdu sa nationalité pour cette cause et qui veut la recouvrer, toutes les conditions qu'elle exige de l'étranger pour devenir citoyen. Elle fait plus : elle ne lui permet de rentrer en France qu'avec l'autorisation du roi, sans préjudice des peines criminelles prononcées contre ceux qui ont porté les armes contre leur patrie.

Dans tous les cas où le Français déchu recouvre sa qualité, sa réhabilitation n'a d'effet que pour l'avenir, et à compter du jour seulement où toutes les conditions imposées par la loi ont été remplies.

CHAPITRE II.

DU DOMICILE.

Le domicile, dans sa signification légale, est la relation toute juridique, toute morale et intellectuelle qui est établie entre une personne jouissant de ses droits, et le lieu où elle a établi sa demeure, le centre de ses affaires, le siége de sa fortune. Le domicile est ou *civil* ou *politique*.

Le domicile civil se considère sous le point de vue des droits et obligations purement civils du citoyen. Le Code distingue deux domiciles civils : le *domicile réel* et le *domicile d'élection*. Le premier est de droit commun général et parfait; le second est spécial, exceptionnel et imparfait.

Le *domicile réel* peut se subdiviser en domicile d'origine, domicile légal, de subordination, de dépendance, domicile de choix.

Le *domicile d'origine* est celui que la loi assigne à l'enfant à sa naissance. Pour l'enfant légitime, il est au lieu où se trouve celui de ses père et mère. Pour l'enfant naturel reconnu par son père, au lieu du domicile de celui-ci; au lieu du domicile de la mère, s'il n'a été reconnu que par celle-ci-. Enfin l'enfant naturel qui n'aura pas été reconnu, aura son domicile au lieu où il aura été trouvé. Jusqu'à sa majorité, ou à l'émancipation, le domicile de l'enfant suivra toujours celui de ses père et mère; et en cas de mort de ceux-ci, celui de son tuteur. Si la mère survit et n'accepte pas la tutelle, le domicile de l'enfant sera chez le tuteur.

Le *domicile de choix* est celui autre que le domicile qui leur avait d'abord été donné par le législateur, que la loi permet à ceux qui jouissent de l'exercice de leurs droits civils de se choisir. Ce changement de domicile s'opère par le fait d'une habitude réelle dans un autre lieu, joint à l'intention d'y fixer son principal établissement.

Le *domicile légal* est établi par la loi elle-même; il diffère du domicile de choix en ce qu'il ne réunit pas ces deux conditions, le fait et l'intention, et en ce que l'intention est supposée par le législateur sans qu'il soit possible de combattre sa supposition par des preuves contraires.

Domicile d'Élection.

La loi reconnaît aux parties contractantes le droit de se choisir un domicile distinct du domicile réel.

Le domicile élu diffère du domicile réel en deux points essentiels :

1° Il est spécial, il existe pour la seule affaire pour laquelle il a été choisi ; le domicile réel au contraire est général et régit, sauf quelques exceptions, tous les actes de la vie civile.

2° Le domicile d'élection une fois établi, ne se transporte d'un lieu dans un autre que du consentement mutuel des parties ; le domicile réel au contraire se change par notre seule volonté jointe au fait d'une résidence nouvelle.

Domicile spécial quant au mariage.

Porté à favoriser autant que possible les mariages, le législalateur a établi, quant à leur célébration, un domicile spécial dont les règles sont retracées dans les articles 74, 165, 167 du Code civil.

Ce domicile s'établit par six mois d'habitation continue dans la même commune. — Dans le cas où le mariage serait célébré au lieu du domicile réel où le futur époux n'aurait pas encore six mois d'habitation, les publications de mariage requises par l'article 69 devraient en outre être faites au lieu où il avait eu précédemment une habitation de six mois.

Domicile politique.

Le domicile politique est au lieu où tout citoyen exerce ses droits politiques. Ce domicile peut être confondu avec le domicile réel, le domicile civil, comme aussi il peut en être séparé et distinct. En effet, par rapport aux élections à la Chambre des Députés, la loi du 19 avril 1831 porte : « Le domicile politique de tout Français est au lieu de son domicile réel ; néanmoins il pourra le transporter dans un autre arrondissement électoral où il paie une contribution directe, à la charge d'en faire, six mois à l'avance, une déclaration expresse au greffe du tribunal de l'arrondissement électoral où il voudra le transférer. Dans le cas où un électeur aura séparé son domicile politique de son domicile civil, la translation de son domicile civil n'emportera pas changement du domicile politique. »

Le domicile politique, relativement aux fonctions de juré, est toujours confondu avec le domicile réel.

Enfin, en ce qui concerne les élections aux conseils généraux et d'arrondissement, en règle générale, le domicile politique est le même qu'en matière d'élection à la Chambre des des Députés.

CHAPITRE III.

DES ABSENTS.

Par la qualification d'absent, la loi entend une personne qui a cessé de paraître à son domicile, à sa résidence, d'une manière insolite et sur l'existence de laquelle on a de justes sujets de crainte.

Veiller aux intérêts de l'absent, de sa famille et des tiers intéressés, protéger l'intérêt public lui-même qui exige que les terres ne restent point délaissées et incultes : tel est le but que s'est proposé le législateur , et pour l'atteindre il a divisé l'absence en deux grandes périodes principales : 1° *Présomption d'absence*; 2° *déclaration d'absence*: puis il a attaché à la déclaration d'absence deux effets, *l'envoi en possession provisoire* et *l'envoi en possession définitive.*

Présomption d'absence.

Une personne a disparu, sa non-présence se prolonge au-delà de ses habitudes, et on n'en a pas de nouvelles ; ses biens sont abandonnés, et il y a danger de les laisser plus longtemps sans administrateur : dans ce cas, il y a lieu à présomption d'absence et nécessité de pourvoir à l'administration de tout ou partie des biens laissés par elle, si elle n'a pas de procureur fondé. Il y sera statué par le tribunal de première instance, qui, une fois la présomption d'absence juridiquement constatée, nommera des administrateurs à ses biens ou partie de ses biens; mais cela quand concourront les circonstances suivantes : quand il y aura nécessité absolue; qu'il n'y aura pas de procureur fondé; qu'une demande aura été formée par les parties.

L'appréciation des circonstances qui constateront la nécessité est laissée par la loi à la prudence des juges.

Pourront demander à ce qu'il soit pourvu à l'administration des biens : le ministère public et tous ceux qui pourraient agir contre l'absent s'il était présent, c'est-à-dire les créanciers, les sociétaires en communauté, les co-propriétaires, les locataires, etc.

Les enfants et héritiers présomptifs arrivent au même but en s'adressant au ministère public.

C'est le tribunal du domicile de l'absence qui est compétent pour décider s'il y a lieu à présomption d'absence; celui du lieu où se trouvent les biens est appelé à décider s'il y a lieu à pourvoir à leur administration.

Déclaration d'absence.

La déclaration d'absence met fin à la première période, c'est-à-dire à la présomption d'absence. Dès lors finissent les suppositions de vie, pour faire place aux incertitudes et à la présomption de mort en principe. Pour fixer la durée de la première période, le législateur a fait une distinction entre le cas où le présumé absent a laissé en partant un mandataire, et celui où il n'en a pas laissé. Dans le premier cas, les parties intéressées ne pourront se pourvoir pour faire déclarer l'absence que lorsque quatre ans se seront écoulés depuis les dernières nouvelles; dans le second cas, ce délai sera de dix ans révolus depuis la disparition, ou depuis les dernières nouvelles. Si la procuration avait été donnée pour plus de dix ans, elle n'empêcherait pas la demande en déclaration d'absence formée après le délai de dix années.

Les seules personnes que le législateur autorise à demander la déclaration d'absence sont celles qui ont qualité pous faire envoyer en possession des biens de l'absent, tels que les héritiers présomptifs et tous ceux qui ont des droits subordonnés à la condition du décès de l'absent.

Effets de l'absence.

L'effet de la déclaration d'absence est, quant à ses biens du moins, de faire supposer l'individu mort et de permettre provisoirement tout se qui se ferait définitivement si son décès avait eu lieu réellement; les héritiers pourront donc se faire envoyer en possession provisoire des biens qui lui appartenaient à l'époque où remonte l'incertitude de son existence.

Les envoyés en possession provisoire sont, non des dépositaires mais des administrateurs légaux. Ils sont donc comptables de leur administration envers l'absent s'il reparaît, ou envers ses héritiers définitifs, son décès prouvé; de plus, ils doivent donner caution; enfin, ils sont tenus de faire procéder, dans le plus court délai possible, à l'inventaire des titres et du mobilier de l'absent, en présence du procureur du roi ou d'un juge-de-paix requis par ledit procureur du roi. Dans le cas où l'absent se représenterait, la loi doit protéger ses intérêts; en conséquence le tribunal ordonne la vente de tout ou partie du mobilier, dans le cas où cette vente serait utile à l'absent, qu'emploi soit fait du prix de la vente ainsi que des fruits échus qui forment un capital, sur les intérêts seulement desquels les envoyés en possession auront droit; qn'enfin les envoyés en possession provisoire ne pourront ni aliéner ni hypothéquer les immenbles de l'absent, si ce n'est toutefois en vertu d'un jugement obtenu par le tribunal.—Les héritiers peuvent mettre leur responsabilité à couvert en faisant procéder à la visite des immeubles de l'absent par un expert nommé par le tribunal. Les frais sont pris sur les biens de l'absent.

Les administrateurs provisoires sont des administrateurs salariés. La loi leur accorde, à titre d'indemnité, les quatre cinquièmes des revenus, si l'absent reparaît dans les quinze ans, depuis le jour de sa disparition ; les neuf dixièmes, s'il ne reparaît qu'après quinze ans ; la totalité enfin s'il ne revient qu'après trente ans.

Les envoyés en possession provisoire n'ont encore ni le caractère ni le titre d'héritiers réels ; en conséquence ils ne seront tenus des dettes que jusqu'à concurrence des biens recueillis.

A l'égard des tiers, la prescription ne sera pas interrompue par l'absence · et cette prescription courra, soit contre l'absent s'il existe encore, soit contre les envoyés en possession, si plus tard il est prouvé que l'absent était décédé ; — s'il s'agit des envoyés en possession, la prescription ne peut courir à leur profit contre l'absent. Par réciprocité, l'absent de retour ou ses héritiers ne pourraient la leur opposer, à moins qu'elle ne fût acquise lors de l'envoi.

Administration légale.

L'époux présent, quel que soit le régime sous lequel il ait été marié, est partie interressée à demander l'envoi en possession provisoire. Mais s'il se trouvait soumis au régime de communauté, soit légale, soit conventionnelle, il aurait de plus le privilége important de pouvoir, en optant pour la continuation de la communauté, suspendre l'envoi en possession des héritiers présomptifs et toutes les conséquences de cet envoi. Les intérêts se trouvant intimement unis, confondus même jusqu'à un certain point avec celui de l'absent, personne ne pourrait avoir plus d'intérêt que lui à bien gérer la fortune de l'absent.

L'époux présent commun en biens pourra donc considérer la communauté comme dissoute et exercer alors tous ses droits subordonnés au décès de l'absent, ou continuer cette communauté, et prendre, si c'est le mari qui est absent, conserver, si c'est la femme qui a disparu, l'administration des biens, même de ceux qui seraient hors de la communauté, à l'exclusion de tous les héritiers présomptifs. Dans le premier cas, la communauté sera provisoirement dissoute, et elle devra être liquidée avec les héritiers présomptifs, sauf à l'époux présent de donner caution pour les choses susceptibles de restitution.

Si c'est le mari qui est présent, il devra caution : 1° pour les gains de survie; 2° pour la moitié de sa part dans la communauté. Mais il n'en devra pas pour ses propres, puisque dans aucun cas il ne sera tenu de les restituer. Si au contraire c'est la femme qui est présente, caution sera exigée d'elle : 1° pour la restitution éventuelle des gains de survie qu'elle aurait stipulés; 2° pour ses propres dont la communauté à la jouissance, puisqu'elle sera obligée de les rendre à son mari lors de son retour; 3° pour toute sa part de la communauté si elle accepte et si elle renonce pour les apports dont elle aurait stipulé la reprise.

Si l'époux présent opte pour la continuation de la communauté, il devra procéder à l'inventaire, vendre le mobilier et faire emploi du prix; mais il sera dispensé de fournir caution.

Quant à l'administration, le mari ne faisant que la conserver d'après les termes mêmes de l'art. 124, il la conservera avec les mêmes pouvoirs qu'il avait avant la disparition de sa femme. Mais si c'est le mari qui a disparu, la femme, en prenant l'administration, n'a sur les biens de la communauté que les pouvoirs identiques à ceux qu'elle a sur ses biens propres. L'époux présent, après avoir opté pour la continuation de la communauté, peut dans la suite renoncer au bénéfice de cette continuation.

Fin de l'envoi en possession provisoire.

L'envoi en possession provisoire, de même que l'administration légale ne constituant qu'un état d'expectative, cet envoi provisoire cessera : 1° par le retour de l'absent ou la réception de ses nouvelles; 2° par la preuve du décès de l'absent; 3° par l'envoi en possession définitif.

Quant à l'administration légale, elle cessera, indépendamment des trois circonstances précédentes, par la mort de l'époux présent ou par sa propre absence, par l'envoi en possession de biens définitif; enfin, par la renonciation du conjoint à la continuation de l'administration légale.

Envoi en possession définitif.

A l'envoi en possession provisoire succède, au bout d'un certain temps, un nouvel état de choses, l'envoi en possession définitif.

L'époque à laquelle les parties intéressése seront autorisées à requérir l'envoi en possession définitif est fixée par l'art. 129, qui porte que l'envoi pourra être prononcé lorsque l'absence aura continué pendant trente ans depuis l'envoi en possession provisoire ou l'administration légale, ou encore lorsqu'il se sera écoulé cent ans révolus depuis la naissance de l'absent.

Les personnes qui ont qualité pour obtenir l'envoi en possession provisoire, sont : 1° le plus ordinairement celles qui ont obtenu l'envoi en possession provisoire ; 2° tous ceux qui se trouveraient les héritiers de l'absent au jour de la disparition ou de ses dernières nouvelles, pourvu toutefois que leur droit ne se trouve pas encore prescrit.

Du moment où l'envoi en possession définitif a succédé à l'envoi provisoire, la faculté d'hypothèquer, de vendre, de disposer en un mot de tous les biens de l'absent, soit à titre onéreux, soit à titre gratuit. Partant, ils sont tenus des dettes de l'absent s'ils ont négligé de faire inventaire.

L'envoi définitif ne le sera réellement qu'à l'égard des tiers seuls avec lesquels l'envoyé en possession a contracté. Cet envoi pourra cesser dans les trois cas suivants :

1° Si l'absent reparaît ; 2° si l'on acquiert la preuve du décès ; 3° si une demande en réclamation est intentée par ses descendants en ligne directe.

A quelque époque que revienne l'absent ou que l'on reçoive de ses nouvelles, il reprendra ses biens dans l'état où ils se trouvent, sans qu'il puisse attaquer les aliénations et donations faites par les envoyés en possession definitive, auxquels il pourra seulement redemander le prix des immeubles aliénés, ou les biens provenant d'échange ou de l'emploi qui aura été fait du prix des biens vendus.

Si le décès de l'absent vient à être prouvé postérieurement à l'envoi en possession définitif, ses biens seront acquis irrévocablement, déduction faite des quatre cinquièmes ou des neuf dixièmes des fruits à ses légataires ou à ses parents qui seraient ses héritiers au jour de son décès, pourvu toutefois que la prescription ne fût pas acquise contre eux par un laps de trente ans depuis l'envoi provisoire ou depuis le décès de l'absent arrivé postérieurement à l'envoi en possession provisoire.

Si de nouveaux héritiers se présentent, et que ce soient des enfants ou des descendants, même naturels de l'absent, ils pourront se faire restituer les biens par l'envoyé en possession définitif, sans qu'ils puissent être déboutés par aucune autre prescription que celle de trente ans écoulés depuis l'envoi en possession définitif.

Effet de l'absence relativement au mariage.

Quelque longue qu'ait été l'absence, se fût-il écoulé cent ans depuis la naissance de l'absent, l'époux présent doit produire la preuve légale du décès de son conjoint pour pouvoir convoler à une nouvelle union. Le mariage contracté pendant l'absence de l'un des époux est nul. Il pourra être attaqué non-seulement par l'absent, mais par tous ceux qui auront intérêt, et enfin par le ministère qui demandera la nullité sans préjudice des peines encourues par l'époux qui aurait contracté de mauvaise foi un second mariage.

Surveillance des enfants mineurs du père qui a disparu.

L'enfant, dit la loi, reste sous la surveillance de ses père et mère jusqu'à sa majorité ou son émancipation, et le père seul exerce cette autorité pendant le mariage. En cas de disparition de l'un des conjoints, qu'arrivera-t-il ?

Si la femme est absente, le mari conservera l'autorité qu'il avait sur ses enfants, et rien n'est changé à l'état antérieur des choses. Si, au contraire, c'est le mari qui est absent, tous les droits de la puissance paternelle passent sur la tête de la mère : à elle seront confiées et la surveillance de la personne des enfants et l'administration de leurs biens, avec ces restrictions, cependant, que :

1° Bien qu'exerçant la puissance paternelle, elle ne jouira pas de l'usufruit légal des biens de ses enfants mineurs de dix-huit ans, lequel n'appartient qu'au père pendant le mariage ; 2° relativement au droit de correction sur ses enfants, elle ne l'exerce qu'avec les restrictions apportées à ce droit entre ses mains par l'art. 377 : car la mère ne peut avoir sur ses enfants des droits plus étendus, pendant l'absence de son mari, qu'elle n'en aurait dans le cas où elle resterait veuve, et par conséquent, exercerait définitivement la puissance paternelle.

Si l'un des époux étant en présomption d'absence, son conjoint est déjà mort, ou vient à mourir pendant la présomption d'absence, la tutelle des enfants sera nécessairement ouverte, et cette tutelle appartenant de plein droit au conjoint absent, sera exercée provisoirement par l'ascendant le plus proche, ou à défaut d'ascendant, par la personne nommée par le conseil de famille, pourvu toutefois qu'il se soit écoulé six mois depuis la disparition ou les dernières nouvelles de l'absent.

Les règles précédentes seraient applicables au cas où l'un ou l'autre des conjoints auraient disparu laissant des enfants mineurs d'un précédent mariage.

CHAPITRE IV.

DU MARIAGE.

Le mariage est la société de l'homme et de la femme, qui s'unissent pour perpétuer leur espèce, pour s'aider, par des secours mutuels, à porter le poids de la vie en partageant leur commune destinée.

L'homme, avant les dix-huit ans révolus, la femme avant quinze ans révolus, ne peuvent, à moins des dispenses du roi, pour des motifs graves, contracter mariage.

Il n'y a pas de mariage sans consentement; car le mariage est un contrat, et un contrat n'est pas valide par l'accord des parties contractantes. Un consentement vicié ne serait pas suffisant pour la validité du mariage.

Un premier mariage valable ne permet d'en contracter un second avant la dissolution du premier. Cette règle de droit civil reçoit son application indépendamment de toute croyance religieuse.

Le législateur, lorsqu'il s'agit de mariage, fait durer la minorité jusqu'à vingt-cinq ans pour les hommes; et la maintient à vingt-et-un ans pour la femme. Jusqu'à cet âge, les enfants ne peuvent se marier sans le consentement de leur père et mère. Si l'un est mort ou dans l'impossibilité de manifester le consentement de l'un, l'autre suffit. En cas de dissentiment entre le père et la mère, l'avis du père l'emporte.

Quand le père et la mère n'existent plus ou sont incapables de consentir, les aïeux ou aïeules les remplacent; mais dans ce cas, le consentement de l'ascendant mâle d'une ligne est suffisant.

Un ascendant est réputé dans l'impossibilité de manifester sa volonté, s'il est déclaré absent, s'il est interdit, s'il est en contumace.

Lorsque les futurs époux ont atteint la majorité de vingt-cinq et vingt-et-un ans, le refus du consentement des père et mère ne sera plus qu'un obstacle momentané, et on pourra passer outre à la célébration du mariage, après que la demande du consentement aura été faite par acte respectueux et formel notifié aux parents par deux notaires, ou par un notaire et deux témoins. Si cet acte est resté infructueux, il doit être renouvelé deux fois jusqu'à trente ans pour l'homme, jusqu'à vingt-cinq ans pour la femme. Après cet âge, un seul acte suffit. Dans tous les cas, le mariage ne peut être célébré qu'un mois après la notification du dernier acte.

En cas d'absence de l'ascendant, dont le consentement est

nécessaire, il sera passé outre, en rapportant le jugement qui a déclaré l'absence de celui qui a ordonné l'enquête, ou un simple acte de notoriété délivré par le juge-de-paix de son dernier domicile connu.

A défaut d'ascendant, le mineur de vingt-et-un ans ne peut contracter mariage sans le consentement du conseil de famille. L'enfant naturel reconnu se trouve, quant au mariage, dans les mêmes obligations que l'enfant légitime ; mais s'il n'a pas été reconnu ou s'il a perdu ses père et mère, il doit alors obtenir, pour contracter mariage, le consentement d'un tuteur *ad hoc*, nommé par un conseil de famille composé d'amis de ses parents ou de citoyens connus.

La loi prohibe le mariage en ligne directe à l'infini entre ascendants et descendants légitimes ou naturels, et les alliés dans la même ligne ; entre les frères et sœurs légitimes ou naturels et les alliés au même degré ; elle étend aussi la prohibition à l'oncle et à la nièce, à la tante et au neveu. Le Code cependant autorise le roi à accorder, pour des cas graves, des dispenses nécessaires au mariage entre l'oncle et la nièce, entre beaux-frères et belles-sœurs.

Pour rendre plus solennel le consentement des époux, la loi prescrit plusieurs formalités qui toutes ont pour but d'assurer leur libre choix et de donner une grande publicité au mariage. Ainsi le législateur exige une célébration devant l'officier de l'état civil du domicile de l'une des parties ; deux publications à huit jours d'intervalle, un jour de dimanche, devant la porte de la maison commune ; de plus l'affiche de l'extrait de l'acte de publication à la porte de la maison commune durant l'intervalle de l'une à l'autre publication. Le mariage ne pourra être célébré avant le troisième jour, depuis et non compris celui de la seconde publication.

Si un époux veut se marier dans une commune où il n'a qu'une résidence de six mois, et que son domicile réel soit dans une autre commune, il devra faire les publications non-seulement dans son domicile et résidence, mais encore dans le lieu où il a son domicile réel.

Les publications sont encore nécessaires au domicile des ascendants, et s'il ne reste aucun ascendant, au domicile du juge-de-paix qui préside le conseil de famille. Les formalités des publications exigent un délai de onze jours pour lequel le roi peut accorder dispense partielle quand le motif de la demande est grave.

Du Contrat de mariage.

Le contrat de mariage est la convention par laquelle deux personnes qui veulent s'unir par mariage règlent, quant à leurs biens, les droits dont elles devront jouir comme époux l'une à l'égard de l'autre.

Le contrat de mariage est *exprès* ou *tacite :* exprès , quand les parties ont pris soin de constater par écrit les conventions qui devront régler la société conjugale ; tacite, quand les époux se marient sans avoir fait dresser l'instrument qui contient les conventions matrimoniales.

Le contrat de mariage exprès se subdivise pour ainsi dire à l'infini , puisque toute liberté est laissée aux époux , sauf les restrictions légales. Le contrat tacite , au contraire est un ; c'est la communauté légale, institution toute nationale qui eut la Germanie pour berceau.

Il existe quatre régimes principaux sous lesquels les époux peuvent contracter :

1° Le régime de la communauté légale , ou modifiée par des conventions ;

2° Celui d'exclusion de communauté sans séparation de biens ;

3° La séparation de biens ;

4° Le régime dotal proprement dit!

La communauté se compose activement de tout le mobilier que les époux possédaient au jour de la célébration du mariage et de tout celui qui leur échoit pendant le mariage à titre de succession et même donation , si le donateur n'a exprimé le contraire ; de tous les fruits , revenus , intérêts ou arrérages de quelque nature qu'ils soient , échus ou perçus pendant le mariage , et provenant des biens qui appartenaient aux époux lors de sa célébration, ou de ceux qui leur sont échus pendant le mariage à quelque titre que ce soit; enfin de tous les immeubles qui sont acquis pendant le mariage.

Les coupes de bois et les produits des carrières tombent dans la communauté pour tout ce qui est considéré comme un usufruit. Si les carrières et mines ont été ouvertes pendant le mariage les produits n'en tombent dans la communauté que sauf récompense.

Les immeubles que les époux possèdent le jour de la célébration du mariage ou qui leur échoient pendant son cours à titre de succession, n'entrent point en communauté.

La communauté se compose passivement de toutes les dettes mobilières au jour de la célébration de leur mariage ou dont sont chargées les successions qui leur échoient durant le mariage, sauf récompense pour celles relatives aux immeubles propres à l'un ou à l'autre des époux ; les dettes contractées pendant la communauté par le mari ou par la femme du consentement du mari , sauf récompense ; des arrérages et intérêt seulement des rentes ou dettes passives qui sont personnelles aux époux, des réparations usufructuaires des immeubles qui n'entrent point en communauté ; des aliments des époux, de l'éducation et entretien des enfants et de toutes autres charges du ménage.

Le mari administre seul les biens de la communauté.

Il ne peut vendre , aliéner et hypothéquer sans le concours de la femme.

Il ne peut disposer entre-vifs à titre gratuit des immeubles de la communauté ni de l'universalité ou d'une quotité du mobilier, si ce n'est pour l'établissement des enfants communs. — Il peut cependant disposer des effets mobiliers à titre gratuit et particulier au profit de toutes personnes , pourvu qu'il ne s'en réserve pas l'usufruit.

Le mari a seul tous les biens personnels de la femme ; il peut seul exercer toutes les actions mobilières et possessoires qui appartiennent à la femme ; mais il ne peut aliéner les immeubles personnels de sa femme sans son consentement. Il est responsable de tout dépérissement des biens personnels de la femme causé par défaut d'actes conservatoires.

Dissolution de la communauté. — La communauté se dissout soit en vertu de la loi , soit en vertu d'un jugement rendu sur la demande de la femme et prononçant la séparation de biens.

Les causes de dissolution de la communauté en vertu de la loi sont : la mort naturelle ; la mort civile ; la séparation. La communauté légale ou conventionnelle ne se dissout en vertu d'un jugement que par la séparation de biens.

La dissolution de la communauté par l'un des cas ci-dessus énoncés enlève au mari la disposition de la moitié des biens de la communauté.

Séparation de biens.— La séparation de biens ne peut résulter que d'un jugement et non du consentement des époux. La femme seule peut la poursuivre en justice quand il y a risques et périls en ce qui concerne sa dot. — La dot de la femme , c'est-à-dire son apport dans la communauté , sera mise en péril quand sa part de la communauté commencera à devenir inférieure à son apport, et que ce péril coïncide avec le mauvais état des affaires du mari.

La séparation de biens enlève au mari , avec la disposition de la moitié des biens de la communauté , l'administration des biens de la femme.

Alors les charges du mariage sont supportées par chacun des époux proportionnellement à leur fortune, ou par un seul si l'autre n'a plus rien.

La femme séparée de biens a l'administration, la libre jouissance de ses biens personnels , et peut disposer de ses biens meubles en général , mais seulement à titre onéreux

Rétablissement possible de la communauté.— Le rétablissement de la communauté est le retour aux conventions matrimoniales. Il ne peut avoir lieu que par le consentement des deux parties. La communauté ne pourra être rétablie que par un acte passé devant notaire et avec publicité.

Des conventions exclusives de communauté.

Le Code reconnaît deux conventions exclusives de communauté : la première est la clause d'exclusion de communauté : la seconde est la clause de séparation de biens.

Exclusion de communauté. — Lorsque les futurs époux ont déclaré se marier sans communauté, chacun d'eux conserve la propriété de son patrimoine; il ne s'établit entre eux aucune société de biens.

En qualité de chef de la société conjugale, qualité qu'il conserve toujours quoiqu'il n'y ait pas de communauté des biens, le mari est administrateur de droit des biens de la femme. Ainsi le mari est administrateur et usufruitier des biens de la femme.

De la clause de séparation de biens.

Le premier effet de cette clause est de conserver à la femme l'entière administration de ses biens, meubles et immeubles, et la jouissance libre de ses revenus. Sous son empire les rapports qui s'établissent entre les époux, relativement à leur patrimoine sont, en général, les mêmes que ceux qui se forment à la suite d'une séparation de biens prononcée en justice.

Les époux en stipulant la séparation de biens, sont libres de fixer la part contributoire de chacun aux charges du mariage. Dans le silence des conventions à cet égard, la femme contribuera à ces charges jusqu'à concurrence du tiers de ses revenus.

Les époux qui ont adopté ce régime de séparation de biens, ne peuvent pendant le mariage en faire cesser les effets en se soumettant au régime de la communauté.

Même sous ce régime qui restreint dans des limites si étroites ou plutôt qui détruit complètement le pouvoir du mari sur les biens de la femme, celle-ci ne pourra vendre ses immeubles sans autorisation maritale ou judiciaire.

Du régime dotal.

Le régime dotal se rapproche de celui de la séparation de biens par l'indépendance de la femme relativement à ses paraphernaux, du régime exclusif de communauté par les biens dotaux dont la jouissance et l'administration appartiennent au mari ; du régime en communauté, par la possibilité d'une société d'acquêts : mais il se distingue de tous les trois par la condition exorbitante qui y est faite aux biens stipulés dotaux.

Le principal effet de ce régime est l'inaliénabilité. La pensée de ce régime est une grande sollicitude pour la femme et les enfants issus du mariage. Cependant la rigueur de ce principe fléchit dans plusieurs circonstances. Ainsi il est permis à la femme de se dépouiller de ses biens dotaux, avec l'autorisation de justice, pour retirer son mari ou elle même de prison, ou pour favoriser l'établissement de ses enfants, pour fournir des aliments à la famille, pour faire à d'autres immeubles des réparations indispensables à leur conservation ; pour payer les dettes de la femme ou de ceux qui ont constitué sa dot ; enfin, lorsque l'immeuble se trouve indivis avec des tiers et qu'il est reconnu impartageable.

Le mari est administrateur et jouit des biens dotaux. Sa jouissance commence avec le mariage et finit avec lui ; elle s'étend à tout ce qui est fruit.

CHAPITRE V.

DE LA MINORITE, DE LA TUTELLE, DE L'ÉMANCIPATION.

Ce qui constitue une société, c'est un lien, une union entre un certain nombre de personnes. La société fut, à son berceau, renfermée dans les proportions de la famille ; mais, de jour en jour, l'homme apprit à se connaître ; ses goûts, ses instincts se développèrent, et des besoins plus nombreux, plus pressants, surgirent. Né de la faiblesse individuelle, son devoir, son but est d'y porter remède et de subvenir, autant que possible, aux nécessités de tout genre dont chacun de ses membres se trouve accablé.

Sans contredit la plus noble tâche que la société pût s'imposer, c'était de tendre la main à celui dont l'âge ou la raison sont encore dans un état de faiblesse ou de souffrance tel, qu'il se trouve seul et sans appui, exposé à la méchanceté des uns et aux intrigues des autres ; tel enfin, qu'il ne peut se conduire seul ni veiller lui-même à sa propre sûreté et à ses intérêts. Telle est la position du mineur privé de ses défenseurs naturels, de ses parents.

La société et la loi qui en dérive ont pris ce mineur sous leur protection immédiate et lui ont donné un guide qui, en s'identifiant en quelque sorte avec lui, ajoute la force à sa faiblesse, supplée, par ses lumières, à l'imperfection de son intelligence et administre ses biens.

Le législateur a fixé à 21 ans l'âge auquel l'enfant est en état de se guider lui-même. Le mineur est donc une personne de l'un ou de l'autre sexe qui n'a pas encore atteint l'âge de 21 ans accomplis.

Celui que la loi donne au mineur pour suppléer à ce qui lui manque de force et d'intelligence, c'est un tuteur.

De la Tutelle.

La tutelle est un office civil et viril *imposé par la loi*, et en vertu duquel la personne et les biens du mineur doivent être administrés gratuitement.

On distingue deux sortes de tutelles : *légale* ou *dative*; *légale*, quand la loi la consacre ou l'autorise ; *dative*, quand les personnes comprises dans la première catégorie manquent ou n'existent pas.

La tutelle *légale* se subdivise en trois classes, suivant qu'on envisage la position du mineur vis-à-vis de ses défenseurs naturels, père, mère ou ascendants.

La tutelle *dative* est celle qui est déférée par le conseil de famille.

Si le père ou la mère n'ont pas manifesté leur volonté, la loi accorde la tutelle aux ascendants mais à eux seuls ; et à leur défaut, elle passe immédiatement à la tutelle dative : car, en général, on accorde peu de confiance à-un collatéral, à moins toutefois que la réunion des parents ou conseil de famille ne le juge digne de remplir la fonction de tuteur.

Tutelle déférée par le père ou la mère.

Cette tutelle est aussi appelée testamentaire, car elle est presque toujours donnée dans cette forme. C'est un droit que la loi accorde au survivant, parce qu'elle pense que lui seul plus que tout autre sera capable de trouver une personne digne de le remplacer dans son administration.

Cette nomination pourra se faire :

1º Par testament;

2º Par déclaration faite devant le juge-de-paix assisté de son greffier;

3º Pardevant notaires.

La mère remariée et qui n'a pas été continuée dans la tutelle ne peut nommer un tuteur par testament ; elle ne peut, en effet, transmettre un droit qu'elle n'a plus.

La loi va plus loin : elle prend une nouvelle garantie contre la femme remariée et continuée dans la tutelle.

Lorsqu'elle a donné par testament un tuteur à ses enfants du premier lit, le législateur a voulu que ce choix fût approuvé par le conseil de famille; et cela en vertu de cette suspicion qui plane toujours sur les seconds mariages, car on craint l'influence du deuxième mari, dans la nomination du tuteur, influence pernicieuse aux enfants du premier lit, vu les collusions qui pourraient s'ensuivre.

L'assentiment du conseil de famille, gardien des intérêts du mineur, fait disparaître toute espèce de difficulté. Le droit de nommer un tuteur par testament n'appartient qu'au dernier mourant, et il faut appliquer à la mort civile les effets de la mort naturelle.

Tutelle légitime des ascendants.

Lorsqu'il n'a pas été choisi de tuteur par le dernier mourant des père et mère, la loi défère de plein droit la tutelle aux ascendants les plus proches.

La ligne paternelle l'emporte sur la ligne maternelle.

Lorsqu'il y a concurrence dans la ligne paternelle l'influence du nom se fait sentir, la loi décide en faveur de l'ascendant paternel du père du mineur.

Quand il y a concurrence dans la ligne maternelle le choix est laissé au conseil de famille.

Tutelle déférée par le conseil de famille.

Lorsque le tuteur n'a pas été désigné soit par la loi, soit par le survivant des père et mère, ou bien lorsque cette tutelle est sans effet, arrive alors la tutelle dative.

Il y a lieu à nomination d'un tuteur, à l'occasion de quoi on a institué un conseil de famille.

Le conseil de famille se compose de parents ou amis du mineur, mâles, majeurs, non interdits, ni suspects au point de vue légal.

Il doit y avoir six parents domiciliés dans la commune, et pris moitié dans une, moitié dans l'autre ligne; les parents sont préférés aux alliés dans la même ligne, et les plus âgés aux plus jeunes.

Au cas d'un nombre non suffisant dans la commune, le juge-de-paix est autorisé à appeler des parents alliés ou amis à une plus grande distance.

Le conseil de famille peut être convoqué à la requête, soit des parents du mineur, soit de toute personne intéressée, telles que créanciers, amis... enfin, d'office par le juge-de-paix, dont l'action peut être provoquée par toute personne.

L'assemblée se tient de plein droit chez le juge-de-paix ou dans un local désigné par lui; il doit assigner chacun des membres dans un délai de trois jours au moins pour ceux qui sont domiciliés dans un rayon de deux myriamètres; ce délai sera augmenté d'un jour par trois myriamètres.

Toute personne convoquée ne peut se soustraire à cet ordre sans cause légitime, sous peine de condamnation par le juge-de-paix à une amende qui ne peut excéder cinquante francs et sans appel.

Chaque personne, membre du conseil, peut se faire représenter séparément par un mandataire spécial.

Si un mineur, domicilié en France, est propriétaire de biens situés en pays étranger, ou même situés en France, si ces biens sont tellement dispersés, qu'il soit impossible et même nuisible de les placer sous une gestion unique, alors le conseil de famille doit nommer un *pro-tuteur.*

Le *tuteur*, ainsi nommé par le conseil de famille, aura cette qualité immédiatement, s'il est présent; sinon le conseil de famille doit faire signifier au tuteur sa nomination dans les trois jours de la délibération, outre un jour par trois myriamètres de distance entre le lieu où s'est tenue l'assemblée et le domicile du tuteur.

La délibération du conseil de famille ne peut être valable, s'il n'y a au moins les trois quarts des membres convoqués présents à l'assemblée, sans compter le juge-de-paix.

Du subrogé-tuteur.

Une personne ne peut se représenter elle-même. Or, il peut arriver des cas dans lesquels le tuteur se trouvera en opposition d'intérêts avec son mineur.

Pour obvier à cet inconvénient, le législateur ordonne la nomination d'un subrogé-tuteur, qui est un tuteur spécial gardien des intérêts du mineur, et qu'on prendra dans une ligne autre que celle où l'on a pris le tuteur, pour éviter jusqu'à l'idée d'une collusion.

La loi en excepte les frères-germains, et par analogie les maris des sœurs-germaines, leur position de parenté offrant plus de garantie.

Le tuteur ne peut participer à la nomination du subrogé-tuteur, car il serait juge dans sa propre cause ; il ne peut non plus, et pour la même raison, provoquer sa destitution ni donner son vote au conseil que l'on aurait convoqué à cet effet

La subrogé-tutelle finit comme la tutelle et en même temps qu'elle, car elle n'en est qu'un accessoire.

Causes qui dispensent de la tutelle, incapacité, exclusion et destitution de tutelle.

La tutelle étant une charge publique, celui à qui elle est déférée ne peut, à son gré, la refuser. Cependant il est des causes qui peuvent mettre obstacle à la tutelle :

1º Causes d'excuse qui autorisent le refus de personnes capables ;

2º Causes d'incapacité;

3º Causes de suspicion qui excluent de la tutelle ou font encourir une déchéance à ceux qui étaient déjà en fonction.

Les causes d'excuses sont divisées en deux classes : les unes fondées sur l'intérêt public, les autres fondées sur l'intérêt privé.

Les premières sont au nombre de onze, et sont prises des fonctions publiques exercées par les personnes.

Sont dispensés d'accepter la tutelle par des motifs d'intérêt privé :

1º Tout citoyen qui n'est ni parent ni allié du mineur, si dans la distance de quatre myriamètres il existe des parents ou alliés en état de gérer la tutelle;

2º Toute personne qui a atteint l'âge de soixante-cinq ans, ou qui, nommée avant cet âge, aura atteint sa soixante et dixième année;

3º Toute personne atteinte d'une infirmité grave et dûment justifiée, soit avant l'ouverture, soit dans le courant de la tutelle;

4º Tout individu, même n'ayant pas d'enfants, qui est déjà chargé de deux tutelles;

5º Tout époux qui, déjà chargé d'une tutelle, a deux enfants

il ne pourra être contraint d'accepter que la tutelle de ses enfants;

6° Tout père de famille qui a cinq enfants légitimes; encore
que ces enfants soient morts, s'ils ont été tués au service, ou
même si, étant morts naturellement, ils ont laissé des enfants.

Les causes d'excuse doivent être proposées au conseil de famille qui en délibère.

Repoussé par le conseil de famille, le tuteur peut s'adresser
aux tribunaux.

Sont déclarés incapables :

1° Le mineur qui, n'ayant pas capacité pour lui, *a fortiori,*
ne pourra l'avoir pour un autre; sauf l'exception en faveur des
père et mère : le mariage les émancipe, et l'émancipation leur
donne le droit de faire les mêmes actes qu'un tuteur;

2° Les interdits qui ont eux-mêmes besoin d'être en tutelle;

3° Les femmes; car la tutelle est un office viril; sauf toutefois la mère et les ascendants : leur affection pour les mineurs
répond suffisamment des soins qu'elles apporteront dans leur
administration;

4° Tous ceux qui ont, ou dont le père et la mère ont avec le
mineur un procès considérable; car la loi ne peut mettre en
opposition le devoir de l'homme et son intérêt.

Exclusion et destitution.

Il existe trois causes d'exclusion et de destitution :

1° La condamnation à une peine afflictive ou infamante, ou
emportant mort civile;

2° L'inconduite notoire, expression qu'il faut entendre soit
d'une négligence de gestion qui force à donner à la personne
un conseil judiciaire; soit d'un dérèglement de mœurs établi
par une condamnation de police;

3° L'incapacité ou l'infidélité rendue visible et palpable par
une gestion ruineuse.

Les destitutions et exclusions ne se prononcent qu'en conseil de famille après délibération, le tuteur ayant été entendu
ou dûment appelé; la délibération doit être motivée.

La tutelle étant essentiellement distincte de la puissance paternelle, la perte de l'une n'entraîne pas celle de l'autre.

De l'émancipation

L'émancipation relève le mineur en faisant sortir, soit à la fois de la tutelle et de la puissance paternelle, soit de la tutelle seulement, de l'incapacité qui lui nécessitait un représentant légal, et lui donne le droit de se choisir un domicile, de se gouverner lui-même et d'administrer ses biens, sous les limitations posées par la loi.

Il y a deux sortes d'émancipation : l'une tacite, l'autre expresse.

L'émancipation tacite est celle qui est produite par le mariage du mineur. L'effet de cette émancipation, que le mariage subsiste ou qu'il soit dissous, n'en continuera pas moins.

L'émancipation expresse est conférée ou bien par le père, et à défaut de père par la mère, ou bien par le conseil de famille. Confiante en l'affection bien entendue des père et mère pour leurs enfants, la loi leur accorde le droit de les émanciper longtemps avant la majorité, à quinze ans révolus.

Les formes de l'émancipation conférée par le père ou la mère, sont très simples. Le père, ou la mère, si le père n'existe plus, se présente devant le juge-de-paix et lui déclare son intention. Ce magistrat est appelé seul avec l'assistance de son greffier, à recevoir la déclaration et à en dresser acte. Privé de ses père et mère, le mineur peut néanmoins être émancipé par le conseil de famille qui, mieux que les ascendants, dont on craint d'ailleurs la faiblesse, sait ce que l'administration des biens du mineur exigera de sagesse, de soin et d'expérience ; il est appelé, préférablement à ceux-ci, à juger de sa capacité dans ce cas. L'émancipation cependant ne pourra être provoquée avant que le mineur n'ait atteint l'âge de dix-huit ans. Le conseil de famille devra être convoqué à cet effet, sur la réquisition d'un tuteur ou d'un parent au degré de cousin-germain ou à un degré plus proche. Il délibérera, et si la majorité est favorable à l'émancipation le juge-de-paix la déclarera, et elle résultera alors de sa déclaration.

Effets de l'émancipation.

L'émancipation affranchit l'enfant de l'autorité de ses père et mère, met fin à l'usufruit légal et au droit de correction, et lui permet de se choisir un domicile. Le mineur cependant ne peut se soustraire totalement à l'autorité dont les liens viennent de se relâcher pour lui. Le consentement du père, et, à défaut de père, celui de la mère est toujours nécessaire pour contracter un engagement volontaire avant l'âge déterminé (art. 374), pour se marier (art. 148), ou pour se donner en adoption (art. 346). L'émancipation fait cesser également la tutelle, et enlève au tuteur l'administration des biens et la garde de la personne du mineur si elle lui avait été confiée. Toutefois, comme l'état de l'émancipé est un état intermédiaire entre l'incapacité du mineur et la capacité du majeur; comme l'émancipé n'est pas doué d'un jugement assez sûr pour qu'on puisse lui laisser sans restriction le libre exercice des droits attachés à la propriété, il sera pourvu d'un protecteur qu'on nomme curateur. Au conseil de famille appartient le choix du curateur (480). Il continue d'ordinaire sa gestion jusqu'à la majorité.

De la majorité.

C'est à 21 ans que la loi fixe l'âge, où, devenu maître de ses droits et de ses actions, l'homme se gouverne lui-même et régit librement sa fortune sous l'observation des lois. A la capacité limitée résultant de l'émancipation, la majorité fait succéder une pleine capacité pour tous les actes de la vie civile. Cependant, le mariage et l'entrée dans une nouvelle famille par l'adoption, sont deux actes si importants que la loi a dû prolonger au-delà de 21 ans l'incapacité de l'homme en ce qui concerne l'adoption.

La capacité que la loi accorde au majeur se fonde sur une présomption de sagesse et de raison. Cependant un dérangement quelconque des facultés intellectuelles de l'homme, peut, en faisant cesser son aptitude naturelle, démentir la présomption légale. De là les incapacités dont elle permet aux tribunaux de frapper le majeur dans son intérêt même, soit en l'interdisant au cas d'imbécillité, de démence ou de fureur, c'est-à-dire lorsqu'il y a incapacité naturelle complète, soit en se plaçant sous la direction d'un conseil judiciaire, lorsqu'il y a seulement faiblesse d'esprit ou prodigalité. (Art. 488.)

De l'interdiction.

L'interdiction est l'effet d'un jugement qui enlève extraordinairement à une personne l'exercice de ses droits sans lui en ôter la jouissance.

Causes de l'interdiction.

L'imbécillité, la démence et la fureur, mettent celui qu'elles dominent, dans un état qui l'empêche de veiller à l'administration de son patrimoine.

Pour que l'interdiction puisse être provoquée, il ne suffit pas d'un seul acte, il faut un état habituel de folie; peu importe, du reste, que cet état présente ou non des intervalles lucides; même, dans ce dernier cas, la loi devra frapper l'interdit d'une incapacité de tous les instants. (Art. 489.)

Des effets de l'interdiction.

L'interdit perd l'exercice entier de ses droits civils. Les tiers ayant le plus grand intérêt à être prévenus de ne pas contracter avec des personnes qui en sont désormais incapables, pour donner publicité à cet état, tout arrêt ou jugement portant interdiction ou nomination d'un conseil, doit être signifié à partie, et inscrit, dans les dix jours, sur les tableaux qui doivent être affichés dans la salle de l'auditoire du tribunal et dans les études des notaires de l'arrondissement.

Les effets de l'interdiction sont relatifs, 1° à la nomination d'un tuteur et d'un subrogé-tuteur à l'interdit; 2° à l'administration de sa personne et de ses biens; 3° aux actes passés par lui soit depuis l'interdiction, soit antérieurement.

L'interdiction prononcée, il faut donner à l'interdit un représentant légal; ce représentant, quant à l'origine, à la nature et à l'étendue de ses pouvoirs, a de si grandes ressemblances avec le représentant du mineur, qu'il convient de l'appeler du même nom : c'est, sauf en un seul cas, le conseil de famille de l'interdit qui lui nomme un tuteur et un subrogé-tuteur. La tutelle du mari est la seule tutelle légitime qu'il y ait en matière d'interdiction.

L'interdit est assimilé au mineur pour sa personne et ses biens. Cette assimilation n'est pas aussi entière, quant à la capacité des personnes; en effet, le mineur, dûment autorisé, peut se marier; l'interdit ne le peut pas. Le mineur en tutelle qui a fait lui-même un acte, peut bien en être relevé, mais s'il en a éprouvé au moins une simple lésion dans le principe; au lieu que les actes faits par un interdit, sont nuls de plein droit. Le mineur, à l'âge de seize ans, peut tester; l'interdit est incapable de faire un testament, parce qu'il n'est pas sein d'esprit et qu'il est légalement présumé ne l'être pas.

Cessation de l'interdiction.

L'interdiction cesse : 1° Par la mort; 2° Par la main-levée du jugement. Elle prend fin avec les causes qui l'ont déterminée; si l'interdit vient à recouvrer la raison, il faut lui rendre l'exercice de ses droits. Cependant, l'état juridique des personnes ne peut cesser sans la sanction judiciaire, et il faut un nouveau jugement.

CHAPITRE VI.

DE LA PROPRIÉTÉ.

La propriété, nous dit le Code (544), est le droit de jouir et de disposer des choses de la manière la plus absolue. Ce droit, le plus étendu de tous les droits qu'on puisse avoir sur une chose, est un tout, un ensemble composé de trois éléments : l'usage, la puissance, la pleine et entière disposition de la chose. Ces éléments peuvent se concentrer sur une seule et même tête : alors, c'est la pleine propriété; ils peuvent exister indépendants l'un de l'autre, et forment alors des droits réels qui ne sont que des éléments de la propriété : il n'y a plus alors qu'un nu-propriétaire, il n'y a plus qu'une propriété imparfaite.

Le droit de propriété attribue au maître toute l'utilité, tout l'avantage de sa chose; il la lui rend tellement propre que le droit et la chose se confondent et ne font plus qu'un. Mais lorsqu'on parle d'un de ces éléments, on dit qu'on a un droit d'usufruit, d'usage, d'habitation; car dans ce cas, on ne peut en absorber toute l'utilité, on n'a qu'un droit; on use, on jouit, on habite, mais on ne dispose pas.

La propriété porte sur des choses soit mobilières, soit immobilières : toutefois, la propriété, dans ce dernier cas, offre plus de garantie. Elle offre des ressources au débiteur, des sûretés au créancier; elle sert à déterminer quelquefois la solvabilité de celui qui s'engage (2019); elle dispense l'étranger de fournir la caution ; elle est pour l'État une sources de revenus (contributions directes, droits de mutation, droits d'hypothèques) ; c'est sur elle qu'est basée l'éligibilité départementale et l'éligibilité législative. Elle est la base de tous les contrats ; car sans propriété il n'y a pas de contrats possibles. Jusqu'à un certain point, on pourrait presque dire, dans l'esprit de ce siècle-ci : la propriété, c'est l'homme.

Toutes les propriétés sont inviolables, dit la Charte ; nul n'est contraint de céder sa propriété, dit l'art. 545 : c'est un droit perpétuel, stable. Mais comme ce droit, les citoyens ne l'exercent que sous la protection de la loi, il faut se rendre digne de cette protection en se conformant aux lois et réglements. Ainsi pour les marais, les mines, on a donné des bornes à la propriété, on l'a presque dépouillée de son inviolabilité. On a fait des réglements sur la hauteur des édifices, l'alignement : il faut les observer. De plus, l'État peut exiger le sacrifice d'une propriété pour cause d'intérêt public légalement constatée (Ch., art. 9). L'intérêt général peut exiger le sacrifice d'une propriété particulière, alors l'intérêt privé doit disparaître : il est bien faible mis en regard de l'utilité publique. Cependant, on ne dépouille pas sans indemnité celui dont la propriété est utile à l'État : il y a des formalités à remplir, formalités protectrices de celui-là même qu'on dépouille. Il faut que l'utilité soit constatée par l'administration locale, que les tribunaux apprécient si cette utilité a été bien et duement constatée, et l'expropriation n'a lieu que moyennant une préalable indemnité. On tâche de la régler à l'amiable : si cela ne se peut, c'est le pouvoir judiciaire qui prononce ; mais c'est un jury spécial qui mesure la valeur des prétentions. Par cela même qu'on sortait du droit commun, la loi a voulu accorder plus de garanties aux particuliers ; comme en matière de commerce, elle leur a permis d'être jugés par leurs pairs.

La propriété s'acquiert par succession, donation entre-vifs ou testamentaire, et par l'effet des obligations, par accession ou incorporation et par prescription (711-2). Chez nous, pour transférer la propriété, il suffit du seul consentement : tel est l'effet des obligations. Comment se perd la propriété ? Les manières de l'acquérir sont virtuellement des manières de la perdre : l'un cesse d'être propriétaire, l'autre le devient, et cela, par le seul consentement.

Le droit du propriétaire s'étend sur le dessus et le dessous. Il y a même présomption légale que dessus et dessous, tout est à lui (553); mais la preuve du contraire peut avoir lieu, car le dessus et le dessous n'appartiennent pas toujours au même, ainsi le fonds est à l'un, le tréfonds ou le droit de superficie à un autre; le sol appartient à celui-ci, les arbres à celui-là.

Les principes ne sont pas aussi absolus qu'on pourrait le croire tout d'abord : ils fléchissent, au contraire, sous de nombreuses modifications qu'on peut ranger en deux classes : modifications fondées sur l'intérêt privé; modifications fondées sur l'intérêt général.

Des Servitudes.

Tout droit sur la chose d'autrui qui attribue ainsi une partie des avantages de la propriété, en diminuant d'autant les droits du propriétaire, peut, à juste titre, être désigné sous le nom de *servitude*. Si ce droit est conféré à une personne déterminée, c'est alors une servitude personnelle qui ne peut durer au-delà de la vie de cette personne. Si, au contraire, ce droit n'appartient à une personne qu'autant qu'elle est propriétaire d'un bien en vue duquel ce droit a été établi, c'est alors une servitude réelle.

Les servitudes personnelles sont l'*usufruit*, l'*usage* et l'*habitation*.

De l'usufruit.

L'usufruit est le droit réel de *jouissance* accordé à une ou plusieurs personnes déterminées sur un bien appartenant à une ou plusieurs autres personnes. C'est le droit de *jouir*, dans sa signification la plus étendue, ce qui comprend le droit d'user de la chose et d'en percevoir les fruits, *comme le propriétaire lui-même*. Le droit de l'usufruitier comprend, outre la perception des fruits, tous les émoluments qui en tiennent lieu, tous les avantages qui peuvent résulter de sa possession, et tous les droits utiles qui peuvent être accidentellement perçus comme inhérents à la jouissance du fonds.

Nature de l'usufruit.

L'usufruit étant un droit *réel*, c'est-à-dire établi directement sur une chose, abstraction faite de toute personne pour subir passif, il suit de là que la servitude qu'il impose est due par la chose et non par la personne qui en est propriétaire, et que, par conséquent, cette personne n'est pas obligée à faire, mais seulement à s'abstenir et à souffrir l'exercice du droit.

L'usufruit est un *démembrement de la propriété*. C'est donc une espèce de propriété partielle détachée de la pleine propriété, et qui est, comme cette dernière, meuble ou immeuble, suivant la nature de son objet. Il suit de là que le propriétaire et l'usufruitier sont de véritables *communistes*, à l'égard de la chose soumise à l'usufruit.

Si le droit d'usufruit est *réel*, la servitude qu'il constitue est une servitude *personnelle*, c'est-à-dire établie exclusivement en faveur d'une personne, à la différence des servitudes *réelles* qui le sont pour l'utilité d'un fonds. L'usufruit est donc une propriété purement personnelle, incommunicable et intransmissible.

Le droit de concéder l'usufruit n'étant qu'une conséquence du droit d'aliéner, qui appartient au propriétaire, celui-ci peut faire cette concession sous les mêmes modifications qu'il peut apposer à la translation de la propriété elle-même.

Il peut être établi sur les fonds de terre, de quelque nature qu'ils soient et quels que soient leurs produits ; — sur les bâtiments de toute espèce ; — sur les animaux en la possession de l'homme ; — sur le bétail considéré comme individu ou comme universalité qui se reproduit ; — sur les meubles de toute espèce, sur ceux qui se détériorent sans se consommer, et même sur ceux qui se consomment par un premier usage ; — sur des créances, des rentes, même viagères — et même sur une simple espérance . par exemple, le profit à tirer d'une opération quelconque.

Droits de l'usufruitier.

L'usufruitier a le droit de jouir *comme le propriétaire lui-même*, c'est-à-dire de percevoir non-seulement les *fruits* proprement dits, mais tous les produits annuels ou périodiques, et même certains produits non périodiques qui ne rentrent pas dans la classe des fruits.

On entend par *fruits* tous les produits qui naissent et renaissent d'une chose, et tous les revenus qu'on peut périodiquement recueillir à l'occasion de cette chose.

Les fruits se divisent donc en fruits *naturels* et fruits *civils*.

Comment et à quelle époque l'usufruitier fait les fruits siens.

es fruits *naturels* (et, sous ce nom, il faut comprendre également les fruits *industriels*) faisant partie de la chose tant qu'ils y sont attachés, suivent par conséquent le sort de cette chose, et l'usufruitier ne peut en devenir propriétaire qu'après qu'ils en sont séparés, en d'autres termes, il ne les acquiert que par la perception. Du reste, la nature même de son droit lui permet d'acquérir ainsi tous ceux qui se présenteront à percevoir pendant la durée de ce droit.

Ainsi, les fruits naturels pendants (par branches ou par racines) au moment où s'ouvre l'usufruit *appartiennent* à l'usufruitier... en ce sens qu'il pourra les acquérir en les percevant s'il y a lieu (c'est-à-dire s'ils viennent à maturité pendant la durée de son droit). Quant aux fruits pendants à la fin de l'usufruit, comme l'usufruitier ne les a point encore acquis et qu'il a perdu dès lors le droit de les percevoir, ces fruits appartiendront au propriétaire.

Quant aux fruits *civils*, on a trouvé plus juste de les faire acquérir jour par jour à chacun en proportion de son temps de jouissance : de sorte qu'en fait de fruits civils, l'échéance du temps est pour leur acquisition ce qu'est le fait de la coupe ou de la séparation du sol pour l'acquisition des fruits naturels.

Des diverses espèces de produits que perçoit l'usufruitier.

S'il s'agit de choses *qui se consomment par le premier usage,* telles que l'argent, les grains, les liqueurs, il est impossible d'établir à leur égard un usufruit proprement dit, puisqu'on ne peut en tirer aucune utilité sans en altérer la substance : l'usufruitier en devient donc vraiment propriétaire. Mais la loi, pour compenser ce droit exorbitant, impose à l'usufruitier l'obligation d'en rendre l'équivalent à la fin de l'usufruit.

Si l'usufruit comprend des choses *qui, sans se consommer de suite, se détériorent peu à peu par l'usage,* comme du linge, des meubles meublants, etc., l'usufruitier a le droit d'en jouir, comme de tout autre objet, c'est-à-dire d'en tirer tous les services auxquels elles sont destinées; et il n'est obligé qu'à les représenter en nature à la fin de l'usufruit, dans l'état où elles se trouveront par suite de l'usage qu'il en aura fait en bon père de famille. Il répond seulement des détériorations causées par son dol ou par sa faute.

L'usufruit d'une *rente* donne à l'usufruitier, pendant la durée de sa jouissance, le droit d'en percevoir les arrérages, sans être tenu à aucune restitution.

Le même principe devrait s'appliquer à un droit d'usufruit qui serait lui-même l'objet d'un usufruit.

Si l'usufruit comprend des bois *taillis* (c'est-à-dire destinés à être coupés périodiquement aux plus courtes époques déterminées par la loi ou l'usage), les coupes périodiques qui s'en font rentrent alors dans la catégorie des fruits ordinaires, et celles qui ont lieu pendant la durée de l'usufruit appartiennent par conséquent à l'usufruitier. Il doit se conformer pour l'ordre et la quotité des coupes à l'aménagement établi en dernier lieu par le propriétaire du fonds, ou à défaut d'aménagement régulier, à l'usage constant des autres propriétaires.

S'il s'agit d'une *pépinière*, l'usufruitier peut encore l'exploiter comme le propriétaire lui-même.

Quant aux arbres de *haute futaie*, c'est à eux surtout que s'appliquent les motifs qui ont fait sortir les bois de la classe des fruits ordinaires. L'usufruitier ne peut donc en général en disposer, à moins qu'elles ne soient mises elles-mêmes en coupes réglées; elles sont alors assimilées aux taillis, et l'usufruitier en jouit comme de ces derniers.

Quant aux *arbres fruitiers*, la jouissance de l'usufruitier consiste uniquement dans les fruits qu'ils produisent.

Les produits que l'on peut tirer du sein de la terre, au moyen de fouilles plus ou moins profondes, ne sont pas, à proprement parler, des fruits, mais plutôt des parties de la chose. Cependant par analogie, le Code a considéré l'exploitation régulière et suivie qui en est faite comme une véritable perception de fruits, et a fait rentrer cette exploitation dans les pouvoirs de l'usufruitier. Celui-ci jouit donc des *mines, carrières* et *tourbières*, mais toujours, bien entendu, comme en jouissait le propriétaire au moment de l'ouverture de l'usufruit.

A l'égard des mines, carrières et tourbières qui ne sont pas encore en exploitation, l'usufruitier n'y a aucun droit.

L'usufruit des *animaux* consiste dans l'acquisition du croît et de quelques autres produits que l'on peut en tirer. Mais à l'égard du croît, les droits de l'usufruitier varient selon qu'il s'agit d'individus déterminés ou bien d'un troupeau.

Dans le premier cas, l'usufruitier a droit à tous les produits, sans aucune déduction, et la perte de l'animal, arrivée sans sa faute, est entièrement à la charge du propriétaire.

Dans le second, comme il s'agit d'une universalité destinée à se perpétuer par elle-même et à réparer ses propres pertes, l'usufruitier qui doit continuer à en jouir en bon père de famille, est tenu de remplacer jusqu'à concurrence du croît les têtes des animaux qui ont péri. Mais si le troupeau périt entièrement et sans la faute de l'usufruitier, la perte retombe en entier sur le propriétaire; seulement, l'usufruitier doit rendre compte des cuirs ou de leur valeur.

Obligations de l'usufruitier.

L'usufruitier doit, comme tout détenteur de la chose d'autrui, veiller à la conservation de cette chose, d'autant mieux que cette détention est toute dans son propre intérêt. Ainsi, la principale obligation de l'usufruitier est de *jouir en bon père de famille*, et, par suite, de restituer a la fin de l'usufruit, à moins de cas fortuit ou de force majeure, les choses dans l'état où il les a reçues.

Obligations de l'usufruitier avant son entrée en jouissance.

L'usufruit n'étant que le droit de jouir et non le droit de forcer un autre à faire jouir, l'usufruitier, quelle que soit la nature de son titre, ne peut, lors de son entrée en jouissance, obliger le propriétaire à mettre les choses en bon état. Il doit donc *les prendre dans l'état où elles sont.*

Mais, pour que l'on puisse déterminer l'étendue de ses obligations à la fin de l'usufruit, la loi exige un inventaire des meubles et un état des immeubles. C'est celui au profit duquel a lieu la disposition, l'usufruitier, qui doit faire procéder à ces opérations, en y appelant le propriétaire. La loi défend à l'usufruitier d'entrer en jouissance avant d'avoir accompli cette obligation.

Obligations de l'usufruitier pendant la durée de son droit.

L'usufruitier recueillant tous les fruits, il est juste qu'il supporte les frais de jouissance et de conservation de la chose ; de là, pour lui l'obligation d'entretenir la chose, c'est-à-dire d'y faire les réparations d'entretien. Les réparations extraordinaires et plus considérables qui se nomment *grosses réparations*, demeurent à la charge du propriétaire, à moins qu'elles n'aient été occasionées par le défaut de réparation et d'entretien depuis l'ouverture de l'usufruit, auquel cas, l'usufruitier qui doit réparer les suites de sa faute, en est tenu comme de ces dernières.

Dans tous les cas, l'usufruitier n'est pas tenu de faire les réparations occasionées par un fait étranger à sa jouissance: il n'est donc pas plus que le propriétaire obligé de rebâtir ce qui est tombé de vétusté ou détruit par cas fortuit.

Extinction de l'usufruit.

L'usufruit prend fin de plusieurs manières :

1o *Par la mort naturelle ou civile de l'usufruitier.*—L'usufruit est un droit attaché à la personne et intransmissible aux héritiers;

2o *Par l'expiration du terme ou évènement de la condition.* — L'usufruit pouvant, comme nous l'avons vu, être constitué à certain jour ou sous condition résolutoire, peut cesser alors avant a mort de l'usufruitier, à l'expiration du terme ou à l'évènement de la condition ;

3o *Par le consolidation.* — L'usufruit a nécessairement pour objet la chose d'autrui, et nul ne peut avoir un droit de servitude sur sa propre chose. Il y a donc extinction immédiate de l'usufruit toutes les fois que les deux qualités de propriétaire et d'usufruitier se trouvent réunies sur la même tête . c'est ce qu'on appelle *consolidation*;

4o *Par le non usage.* — L'interruption prolongée que souffre l'exercice d'un droit quelconque peut faire supposer la perte ou la répudiation de ce droit. De là le fondement de la prescription, à l'effet de se libérer, et de l'extinction des servitudes par le non usage. L'usufruit en particulier s'éteint donc par le *non usage du droit pendant trente ans ;*

5o *Par la perte totale de la chose.* — L'usufruit, comme tout droit établi sur une chose, s'éteint nécessairement quand cette chose cesse d'exister.

Si une partie seulement de la chose vient à périr, comme l'usufruit est divisible, il sera éteint pour la partie détruite, et subsistera encore sur la partie conservée. — Il faut donc, pour opérer l'extinction complète de l'usufruit, que la perte soit totale ;

6° *Par l'abus de jouissance.* — La première obligation de l'usufruitier étant de jouir en bon père de famille, la sanction naturelle de cette obligation doit consister dans la révocation du droit concédé. De là le principe, admis dans notre ancienne jurisprudence française et consacré par le Code, de l'extinction de l'usufruit par abus de jouissance ;

7° *Par la renonciation de l'usufruitier.* — Le droit d'usufruit étant établi dans l'intérêt exclusif de l'usufruitier, ce dernier est libre d'y renoncer (pourvu qu'il soit capable de disposer de ses droits). L'usufruit peut donc s'éteindre par la renonciation du titulaire. Mais comme nul n'est présumé renoncer à ses droits sans compensation, il faut que cette renonciation soit *formelle.*

De plus, comme il n'est pas permis à l'usufruitier d'être libéral aux dépens de ses créanciers, la loi donne à ceux-ci le droit de faire annuler la renonciation qu'il aurait faite à leur préjudice ;

8° *Par la résolution du droit du constituant.* — Nul ne pouvant en général conférer à un autre plus de droit qu'il n'en a lui-même, il s'en suit que si la propriété du constituant n'est pas incommutable et que son droit vienne à être résolu, l'usufruit s'évanouit avec ce droit lui-même.

De l'usage.

Le droit d'usage est pour le titulaire la faculté *d'user et de jouir de la chose, mais seulement jusqu'à concurrence de ses besoins.*

Lorsque ce droit s'applique à une maison, il prend un nom particulier, celui *d'habitation.*

Le droit d'usage se règle avant tout, comme tout autre droit, par le titre qui l'a établi.

C'est seulement pour le cas de silence du titre que le Code a réglé l'étendue de ce droit.

Dans l'état actuel de la législation, l'usage ne se borne pas au droit proprement dit d'user, il comprend encore la perception des fruits, mais seulement dans la mesure des besoins de l'usager.

Cela posé, si l'usage est établi sur un fonds de terre, l'usager peut exiger des fruits de ce fonds jusqu'à concurrence de ses besoins, et par conséquent aussi pour ceux de sa famille (ce qui comprend son conjoint, ses enfants et serviteurs vivants avec lui). Et comme ces besoins peuvent varier, en raison notamment de l'augmentation ou de la diminution que peut éprouver la famille de l'usager, la quantité de fruits à prendre par ce dernier, et, en général, l'étendue de son droit suivra cette même variation. Ainsi elle augmentera dans le cas de survenance d'enfants depuis la concession de ce droit. Il en sera évidemment de même au cas de mariage postérieur de l'usager.

Si l'usage est établi sur une maison (ce que le Code appelle spécialement droit *d'habitation*), le concessionnaire a le droit d'occuper avec sa famille tout ou partie de la maison. L'étendue de ce droit se règle, comme celle de l'usage d'un fonds, par les besoins de la personne, et elle varie également d'après l'augmentation ou la diminution de la famille.

L'étendue du droit d'usage étant mesurée sur les besoins personnels de l'usager, il s'en suit que ce dernier ne peut communiquer à un autre l'exercice de ce droit : car en agissant ainsi, il témoignerait n'en avoir pas besoin pour lui-même. L'usager ne peut donc louer ni céder son droit.

Comme l'usufruit, l'usage est un droit *réel* et une servitude *personnelle*; mais à la différence de l'usufruit, c'est un droit *indivisible* et qui ne peut se constituer ni s'éteindre pour partie, car étant mesuré sur l'étendue des besoins de l'usager, il ne remplirait plus sa destination s'il n'était pas entier.

L'usage n'étant en réalité qu'un usufruit plus ou moins restreint, s'établit de la même manière que l'usufruit. Il ne diffère guère de l'usufruit que sous le rapport de l'étendue. Les obligations de l'usager doivent donc être les mêmes que celles de l'usufruitier, dans la proportion de la jouissance.

Ainsi, 1° l'usager ne peut jouir sans donner préalablement caution et sans faire des états et inventaires;

2° Il doit, comme l'usufruitier, jouir en bon père de famille;

3° Il est tenu des charges usufructuaires au prorata de sa jouissance; de sorte qu'il doit les supporter toutes si cette jouissance est complète.

Extinction du droit d'usage.

Toujours à raison de son identité-de nature avec l'usufruit, l'usage s'éteint, en général, comme il s'établit, de la même manière que ce dernier droit. (Voyez *supra*, chap. I, sect. VI).

Des servitudes réelles ou services fonciers.

Lorsqu'une personne peut avoir à prétendre sur un fonds dont un autre est propriétaire des services qui sont dus, non pas à elle personnellement, mais à son fonds, ces services sont désignés, avec raison, sous le nom de *services fonciers*; mais dans l'usage, on se sert plutôt du mot *servitudes*. Les servitudes réelles sont donc *des charges imposées sur un héritage, pour l'usage et l'utilité d'un héritage appartenant à un autre propriétaire*. La servitude ne pouvant être établie que pour le service ou l'agrément d'un fonds, il est clair qu'elle ne peut exister qu'entre héritages voisins; mais il n'est pas nécessaire qu'il y ait contiguïté.

Le Code reconnaît trois classes de servitudes : celles qui dérivent de la situation des lieux; celles qui sont établies par la loi, et celles qui le sont par le fait de l'homme.

Des diverses espèces de servitudes.

Parmi les diverses divisions que peuvent recevoir les servitudes, deux seulement présentent de l'importance : ce sont celles qui les classent en continues et discontinues, apparentes et non apparentes.

Les servitudes sont continues ou discontinues, selon qu'elles peuvent ou non s'exercer sans le fait actuel de l'homme. Elles sont apparentes ou non apparentes, selon que leur existence s'annonce ou non par quelque ouvrage extérieur.

Au reste, les propriétaires ont pleine liberté d'établir telle espèce de servitudes qu'il leur plaît, et avec telle modification qu'ils jugent à propos : pourvu que leurs dispositions n'aient rien de contraire à l'ordre public.

De l'établissement des servitudes.

Les servitudes peuvent s'établir de trois manières : 1° Par titre ; 2° Par la destination du père de famille ; 3° Par la prescription ou usucapion.

1° Toutes servitudes peuvent s'établir par actes entre-vifs ou testamentaires, à titre gratuit comme à titre onéreux ;

Si l'acte constitutif d'une servitude se trouve perdu, il peut être remplacé par un acte récognitif et émané du propriétaire du fonds asservi ;

2° Les servitudes continues et apparentes s'établissent valablement par la destination du père de famille. Il y a destination du père de famille quand c'est le propriétaire des deux héritages, qui a mis lui-même les choses dans l'état d'où résulte la servitude. C'est là un simple fait qui pourra toujou se prouver par témoins ;

3° Les servitudes continues et apparentes s'établissent encore par prescription, mais seulement par la prescription d trente ans. L'art. 690 est formel.

Effets des servitudes.

L'étendue des droits qu'une servitude confère au propriétai du fonds dominant se détermine par l'intention du consti tuant ; en cas d'établissement par titre ou par destination d père de famille, et par les limites mêmes de la possession dan l'établissement par prescription.

Quand-il y a titre, c'est par les termes du titre et d'après l règles générales sur l'interprétation des conventions que l'intention s'apprécie. Ainsi, il est évident que la concession du droit de puiser de l'eau comprend, quoiqu'on ne l'ait pas dit, le droit de passer pour arriver à la mare, au puits, etc. Quand il y a eu seulement destination du père de famille, l'appréciation se fait d'après l'ensemble des circonstances dans lesquelles la servitude a été constituée. Enfin, quand la servitude est acquise par prescription, on doit s'en tenir rigoureusement à ce qui est possédé depuis le temps voulu.

Dans le doute sur le plus ou le moins d'étendue du droit, c'est la franchise de l'héritage qui doit se présumer; mais l'exercice actuel de ce droit ne peut jamais être plus onéreux que ne le demande le besoin actuel de cet héritage.

Quand l'étendue virtuelle du droit du fonds dominant est une fois reconnue, elle ne peut jamais être augmentée par la division de l'héritage dominant ni restreinte par celle du fonds servant.

De l'extinction des servitudes.

Les servitudes peuvent s'éteindre par sept causes :

1° L'échéance du terme marqué,

2° L'accomplissement de la condition à laquelle la servitude est soumise ;

3° La résolution *ex antiqua causa* du droit de propriété du constituant ;

4° La remise du propriétaire du fonds dominant. Cette remise peut être gratuite ou à titre onéreux, expresse ou tacite. Mais il faut du moins, si elle n'est pas expresse, qu'il n'y ait aucun doute sur l'intention du renonçant, car la remise ne peut pas se présumer ;

5° La confusion, c'est-à-dire la réunion des deux fonds dans une même main. L'art. 694 nous a déjà appris que cette extinction n'est irrévocable que pour les servitudes non apparentes ;

6° Le non usage ou prescription à l'effet de se libérer

Ce non usage doit durer trente ans. En cas de servitude

discontinue, comme elle ne s'exerce que par le fait actuel de l'homme, les trente ans courent du moment même où le propriétaire du fonds dominant n'a plus usé de la servitude. Pour les servitudes continues, au contraire, comme elles peuvent s'exercer sans le fait de l'homme, il ne suffit plus que celui-ci n'en ait fait aucun usage, il faut qu'il se soit accompli un fait arrêtant l'exercice de la servitude. C'est de l'accomplissement de ce fait que partent les trente années.

Le non usage peut aussi, sans éteindre la servitude, rendre son mode moins avantageux, c'est-à-dire en restreindre l'étendue.

Au reste, le non usage, pour opérer la prescription, ne doit pas avoir été le résultat de circonstances telles que le propriétaire du fonds dominant n'ait pu le conjurer ni s'en plaindre. Ainsi, le non usage, provenant de l'inondation du terrain qui me devait un passage, de l'incendie de la maison dont les toits me donnaient de l'eau, n'empêcherait pas la servitude de continuer si les choses venaient à être rétablies dans leur premier état après un temps quelconque. La prescription en effet ne court pas contre celui qui n'a pas le droit d'agir.

CHAPITRE VII.

DES SUCCESSIONS.

Le mot succession désigne plus particulièrement l'action d'une ou de plusieurs personnes, prenant la place d'une autre, que la mort naturelle ou civile a retranchée de la société; entendue dans ce sens, la succession est un moyen d'acquérir à titre universel, ayant sa véritable source dans l'état social, et comprenant l'universalité des biens et des droits tant actifs que passifs de la personne décédée.

Les successions se transmettent, par la volonté de l'homme en vertu de la disposition de la loi, ou par la seule disposition de la loi; transmises par la volonté de l'homme elles peuvent être déférées : 1º par testament, on les appelle alors testamentaires; 2º par le contrat de mariage des institués, celles-ci prennent le nom d'institutions contractuelles; quand la loi seule les défère on les nomme *ab intestat* ou *légitimes*.

Les successions *ab intestat* ou *légitimes* sont régulières ou irrégulières; par sucessions régulières, on entend celles qui sont déférées à des parents légitimes, qui prennent le titre d'héritiers, et par successions irrégulières celles qui ne sont pas fondées sur le lien de la famille. Les personnes à qui ces dernières sont déférées se nomment successeurs irréguliers.

La principale différence qui existe entre ces deux successions, c'est que les héritiers légitimes sont saisis de plein droit des biens, droits et actions du défunt, sous l'obligation d'acquitter toutes les charges de la succession, tandis que les successeurs irréguliers doivent se faire envoyer en possession par justice.

La loi défère la succession d'une personne décédée, d'abord à ses parents légitimes, et à leur défaut aux successeurs irréguliers; mais parmi ces derniers l'enfant naturel peut venir en concours avec les parents légitimes.

La parenté peut être naturelle, civile ou mixte : naturelle, quand elle est produite par la nature seulement; civile, quand la loi seule la produit; mixte, si elle provient de la nature et de la loi.

Plusieurs générations réunies forment une série de parents qui prend le nom de ligne; si les parents descendent l'un de l'autre, la ligne s'appelle directe; s'ils ont un auteur commun la ligne est appelée collatérale. La ligne directe se nomme ascendante ou descendante, suivant que les personnes qui la composent, sont des ascendants ou des descendants, par rapport à celui dont on veut établir la relation de parenté; chacune des deux lignes, directe et collatérale, peut être paternelle ou maternelle, suivant qu'elle est formée par des parents du côté du père ou par des parents du côté de la mère.

La proximité de parenté de deux ou plusieurs personnes, s'établit par le nombre de degrés, c'est-à-dire de générations qui les séparent ; en ligne directe, on compte autant de degrés qu'il y a de générations : le fils est au premier degré à l'égard du père ; en ligne collatérale, les degrés se comptent aussi par générations ; mais en remontant depuis l'un des parents jusque et non compris l'auteur commun, et redescendant ensuite, depuis l'auteur commun jusqu'à l'autre parent, deux frères sont au deuxième degré.

La loi distingue les parents en trois classes : descendants, ascendants, collatéraux, et elle appelle à la succession d'une personne décédée sans testament, d'abord ses descendants et parmi eux ceux qui se trouvent au degré le plus proche ou peuvent y monter au moyen de la représentation ; s'il n'existe pas de descendants qui puissent recueillir la succession, la loi la défère aux ascendants et aux collatéraux ; ces deux ordres viennent quelquefois en concours, d'autres fois des ascendants excluent certains collatéraux, et réciproquement certains collatéraux excluent des ascendants.

A l'exception des deux cas prévus dans les art. 751 et 752, toute succession dévolue à des ascendants, ou à des collatéraux, ou à ces deux ordres collectivement, se divise en deux portions égales, l'une pour la ligne paternelle, l'autre pour la ligne maternelle, et le parent le plus proche dans chaque ligne, recueille la moitié afférente à sa ligne, sans que cette moitié puisse être attribuée à l'autre ligne, dans laquelle se trouverait un parent d'un degré plus rapproché, quand bien même se serait le père ou la mère : car ce n'est, aux termes de l'art. 733, qu'à défaut de parents, ascendants ou collatéraux, au degré successible, que la dévolution peut avoir lieu d'une ligne à l'autre. Les germains tenant à la fois à la ligne paternelle et à la ligne maternelle, prennent part dans l'une et l'autre, les utérins et les consanguins viennent en concours avec les germains, mais seulement dans leur ligne respective.

Quand la première division a été opérée entre la ligne paternelle et la ligne maternelle du défunt, il ne doit plus se faire de subdivision entre les diverses branches ; mais pour déterminer l'ordre de succession, on doit considérer la proximité de degré dans la ligne entière, et non dans chaque branche de la ligne.

Quoique l'art. 732 porte, sans restriction, qu'il ne faut avoir aucun égard à la nature ni à l'origine des biens pour en régler la succession, ce principe reçoit pourtant exception à l'égard de l'adoptant (354) de l'ascendant donateur (747) et de l'enfant naturel (766).

De la représentation.

Les enfants ou descendants d'une personne prédécédée, montent au degré de cette personne, en prennent la place, et conséquemment acquièrent les droits qu'elle aurait eus si elle eût survécu.

En ligne directe descendante, la représentation est admise à l'infini ; en ligne collatérale, elle n'a lieu qu'en faveur des enfants et descendants de frères et sœurs ; quant aux ascendants, le bénéfice de la représentation ne leur est jamais accordé, parmi eux le plus proche en degré dans chacune des deux lignes, exclut toujours le plus éloigné.

Pour succéder au moyen de la représentation, il faut que la personne représentée, soit décédée avant l'ouverture de la succession dont il s'agit.

La représentation peut avoir lieu dans trois cas différents, tant en ligne directe descendante, qu'en ligne collatérale ;

1° Lorsqu'une personne décède laissant des enfants ou des frères, et des petits-enfants ou des neveux, nés d'un fils ou d'un frère prédécédés ;

2° Lorsque tous les enfants ou frères du défunt étant prédécédés, les descendants de ces enfants ou frères se trouvent en degrés égaux ;

3° Lorsque, dans le même cas, les mêmes descendants se trouvent en degrés inégaux.

Si plusieurs personnes ont droit à une même succession, le partage de cette succession entre elles peut avoir lieu de deux manières, par tête ou par souche.

On entend par souche, l'auteur commun d'une famille ; chaque souche se divise en autant de branches qu'il y a d'enfants.

Succéder par souche, c'est succéder à la place de l'auteur commun, et à la portion qui lui eût appartenu ; chaque famille dans ce partage forme un être moral qui ne compte que pour un. Le partage par tête, est celui par lequel la succession se divise en autant de parts qu'il y a de personnes, de *têtes* ; il a lieu quand tous les héritiers, étant au même degré, viennent de leur chef.

Toutes les fois que la représentation est admise, le partage s'opère par souche, et si une même souche a produit plusieurs branches la subdivision se fait aussi par souche dans chaque branche, et les membres de la même branche partagent entre eux par tête (743).

Le législateur qui n'a pas voulu que la mort prématurée d'un père, porte préjudice à ses enfants, n'a pas dû vouloir non plus qu'ils en retirent avantage ; en conséquence, de même que les descendants peuvent invoquer la représentation quand elle leur est favorable, de même elle peut avoir lieu quand elle leur est nuisible, bien qu'elle ne soit pas indispensable ; ainsi quand une personne ne laisse à son décès que des petits-enfants ou des neveux, s'ils sont issus de différentes souches, la représentation n'est pas nécessaire, puisqu'ils sont tous au même degré, et cependant elle peut être invoquée afin de faire partager par souche, et de n'attribuer qu'une part à tous ceux d'une même souche, quel que soit leur nombre.

C'est de la loi seule et non du représenté, que le représentant tient son droit ; de là trois conséquences :

D'abord, le représentant peut, même en renonçant à la succession du représenté, recueillir une succession que le représenté eût recueilli lui-même, s'il ne fût prédécédé.

En outre, le représentant ne succède à une personne au moyen du bénéfice de la représentation, que tout autant qu'il est capable de lui succéder par lui-même ; il ne pourrait donc pas succéder, si lors de l'ouverture de la succession il n'était pas encore conçu, s'il n'était pas né viable, s'il était mort civilement, s'il était indigne.

Enfin, quoique conçu après la mort du représenté, le représentant peut néanmoins jouir du bénéfice que la loi lui a corde : un petit-fils, par exemple, conçu après la mort de son aïeul, peut, au moyen de la représentation, acquérir les droits de cet aïeul.

La représentation ne peut jamais se faire que par des degrés successifs ; nul ne peut d'un degré inférieur s'élever au supérieur, sans passer par l'intermédiaire : ainsi un petit-fils ne peut représenter son aïeul, qu'en passant par le degré de son père ; et quand dans les degrés intermédiaires le lien de la représentation se trouve rompu, on ne peut aller au-delà : si, par exemple, un fils renonce à la succession de son père, le petit-fils ne pourra point représenter l'aïeul.

Successions déférées aux descendants.

Lorsqu'une persone décède en laissant des enfants ou des descendants d'eux ces enfants ou descendants sont appelés, à l'exclusion de tous autres parents, soit ascendants, soit collatéraux, à la succession de leur auteur, sans distinction de lit, de sexe, de primogéniture (745).

Les descendants peuvent succéder à leurs ascendants par souche ou par tête : ils succèdent par souche s'ils viennent par représentation, ce qui a lieu lorsque tous ou partie des enfants du défunt sont prédécédées laissant eux-mêmes des descendants ; ils succèdent par tête, dit l'article 745, quand ils sont tous au premier degré et appelés de leur chef ; mais il semble qu'il aurait fallu dire *ou* appelés de leur chef, puisqu'une seule de ces conditions peut suffire ; en effet, des enfants au premier degré viennent toujours de leur chef, et des descendants peuvent, sans être au premier degré, venir cependant de leur chef et succéder par tête ; si, par exemple, des petits-fils veulent recueillir la succession de leur aïeul à laquelle leurs pères respectifs ont tous renoncé.

L'adoption confère à l'adopté les mêmes droits successifs que ceux qui sont accordés aux enfants nés en mariage, mais seulement sur les biens de l'adoptant et non sur ceux des ascendants de ce dernier.

Succession déférée aux ascendants.

Les successions déférées aux ascendants sont de deux sortes :

La première, qu'on appelle ordinaire, est celle qui leur est attribuée sans avoir égard à l'origine des biens ; dans cette succession, l'ascendant prend l'universalité ou une quote part de l'universalité des biens, droits et actions du défunt, aussi lui donne-t-on le nom de succession générale

La deuxième sorte de succession qui peut être déférée à un ascendant est celle par laquelle il reprend les choses qu'il avait données à son descendant et qui se retrouvent en nature dans la succession de ce dernier ; cette deuxième succession est appelé extraordinaire ou *anomale*, parce qu'elle s'écarte des règles ordinaires, et, comme elle a pour objet certains biens déterminés, elle reçoit encore le nom de particulière ou spéciale.

Succession ordinaire.— Les successions ordinaires ou générales déférées aux ascendants, peuvent avoir lieu dans trois cas :

1° Lorsque le défunt n'a point laissé de descendants directs, mais seulement ses père et mère ou l'un d'eux, et des frères et sœurs ou descendants d'eux ; les père et mère, concurremment avec les frères et sœurs, viennent à la succession du défunt qui se divise alors en deux parties égales, dont l'une est attribuée aux père et mère qui se la subdivisent entre eux par égales portions, et l'autre aux frères et sœurs ou à leurs descendants, qui se la partagent aussi par égales portions s'ils sont tous du même lit ; mais s'ils sont de lits différents le partage se fait par moitié entre les deux lignes paternelle et maternelle : les germains prennent deux parts, les utérins et les consanguins une seule ; s'il n'y a que des frères utérins et consanguins, ils n'en succèdent pas moins seuls, à l'exclusion de tous autres parents de l'autre ligne ; si du père et de la mère l'un est décédé, sa portion accroît aux frères et sœurs ou à leurs descendants qui se trouvent ainsi recueillir les trois quarts de la succession.

2° Lorsque le défunt n'a laissé que des ascendants dans une ligne et seulement des collatéraux dans l'autre ligne, l'ascendant le plus proche en degré dans sa ligne prend la moitié de la succession ; et s'il y a plusieurs ascendants au même degré, ils partagent cette moitié par tête. Quant à la seconde moitié, afin de conserver, autant que possible, les biens dans les familles d'où ils sont sortis, la loi la défère aux collatéraux de la ligne où manquent les ascendants ; le plus proche parent parmi ces collatéraux prend cette moitié, et s'il y a plusieurs collatéraux aux mêmes degrés, ils partagent entre eux leur moitié par tête. Si l'ascendant existant dans l'une des deux lignes est le père ou la mère du défunt, par une faveur toute particulière fondée sur le lien étroit qui l'unissait à son fils, la loi lui accorde l'usufruit du tiers des biens auxquels il ne succède pas.

3o Lorsque le défunt n'a laissé que des ascendants dans chacune des deux lignes, ces ascendants succèdent à l'exclusion de tous autres parents collatéraux ; la succession se divise en deux parts égales, dont l'une est déférée aux ascendants de la ligne paternelle et l'autre aux ascendants de la ligne maternelle ; les ascendants les plus proches dans chacune des deux lignes recueillent à eux seuls la moitié afférente à leur ligne.

Dans les deux premiers cas, il y a concours de succession ascendante et collatérale ; dans le dernier, il n'y a que succession ascendante exclusive.

Succession anomale. — L'ascendant donateur, qu'il soit ou non le plus proche parent, succède, à l'exclusion de tous autres, aux choses, soit mobilières, soit immobilières, par lui données à ses descendants décédés sans postérité, si ces choses données se retrouvent en nature dans la succession du donataire.

La succession anomale met l'ascendant donateur aux lieu et place du donataire, relativement aux biens qu'il reprend, et par conséquent le fait succéder à tous les droits que le donataire pouvait avoir par rapport à ces biens, ainsi qu'à toutes les actions qu'il pouvait exercer, actions en reprise, réméré, nullité, rescision, etc.

L'ascendant donateur ne peut réclamer cette succession spéciale que *si le donataire est mort naturellement ou civilement, sans postérité, laissant en nature dans sa succession les objets qui lui avaient été donnés.*

Successions déférées aux collatéraux.

Les successions auxquelles des parents collatéraux sont appelés à prendre part peuvent avoir lieu dans quatre cas différents, que nous allons indiquer :

1° Si celui de la succession duquel il s'agit est décédé sans postérité, laissant ses père et mère, ou l'un d'eux, et des frères et sœurs ou descendants d'eux;

2o Si le défunt n'a laissé ni postérité, ni frère, ni sœur, ni descendants d'eux, mais des ascendants dans une ligne et des collatéraux autres que frère et sœur ou descendants d'eux dans l'autre ligne.

Ces deux cas se sont déjà présentés aux successions ordinaires déférées aux ascendants, et nous en avons donné les règles.

3o Si le défunt n'a laissé ni descendants, ni père, ni mère, mais des frères et sœurs ou des descendants d'eux, ·ces frères et sœurs (germains consanguins et utérins) ou leurs descendants prennent la succession entière à l'exclusion de tous autres parents, soit ascendants, soit collatéraux; s'ils sont tous germains, ils partagent entre eux par égales portions; s'ils sont de différents lits, la moitié de la succession est déférée à la ligne paternelle et l'autre moitié à la ligne maternelle du défunt; les germains prennent part dans les deux lignes, les utérins et les consanguins uniquement dans leur ligne respective.

4o Si le défunt n'a laissé ni descendants, ni ascendants, ni frères, ni sœurs ou descendants d'eux, mais seulement des collatéraux d'un degré plus éloigné dans chacune des deux lignes, sa succession est déférée moitié à la ligne paternelle et moitié à la ligne maternelle, le parent collatéral le plus proche dans chaque ligne prend à lui seul la moitié afférente à sa ligne; s'ils sont plusieurs au même degré, ils partagent entre eux cette même moitié par tête, et sans qu'il puisse y avoir lieu à représentation.

Les collatéraux autres, toutefois, que les descendants de frères et sœurs, ne pouvant succéder que jusqu'au douzième degré inclusivement, si les collatéraux d'une ligne sont au-delà du douzième degré, ceux de l'autre ligne succèdent seuls pour le tout (755).

Les successions régulières sont déférées à trois classes de personnes : 1° descendants; 2° ascendants; 3° collatéraux; mais il est facile de s'apercevoir qu'il eût été plus exact d'en distinguer quatre : 1° descendants; 2° frères et sœurs ou descendants d'eux, en concours avec les père et mère; 3° ascendants autres que père et mère ; 4° collatéraux autres que frères et sœurs ou descendants d'eux.

Droits de l'enfant naturel sur les biens de ses père et mère.

L'enfant naturel légalement reconnu par ses père et mère ou par l'un d'eux seulement, recueille dans la succession de ceux qui l'ont reconnu des droits plus ou moins étendus, suivant la qualité des parents légitimes appelés avec lui à cette succession. La portion qui lui est déférée se règle sur celle qu'il aurait eue s'il eût été légitime; il en a le *tiers* si ses père ou mère ont laissé des descendants légitimes; la *moitié* s'ils n'ont laissé que des ascendants ou des frères et sœurs ; les *trois quarts* s'ils n'ont laissé ni descendants, ni ascendants, ni frères, ni sœurs. L'enfant naturel recueille la succession entière si ses père ou mère n'ont laissé aucun parent légitime au degré successible.

Les enfants légitimes d'un enfant naturel légalement reconnu peuvent recueillir, par représentation de leurs père et mère, la portion que ces derniers auraient eue dans les successions de leur père et mère; mais l'enfant naturel ne pourrait lui-même succéder, par représentation, aux parents de son père ou de sa mère.

Les enfants adultérins et incestueux n'ont droit qu'à des aliments.

Si, de leur vivant, les père et mère de l'enfant incestueux ou adultérin lui ont fait apprendre un art mécanique, et l'ont ainsi mis à même de gagner sa vie, ou si l'un d'eux lui a assuré des aliments, cet enfant ne peut rien réclamer contre leur succession (764).

Succession à l'enfant naturel.

1° S'il a laissé des descendants légitimes, sa succession leur est déférée conformément aux règles relatives aux successions régulières déférées aux descendants, et comme s'il eût été lui-même enfant légitime; de même si, parmi ces descendants, quelques-uns sont naturels, leurs droits sont réglés comme si leur père eût été légitime. Ce premier cas rentre tout-à-fait dans l'ordre des successions régulières.

2° Si les descendants qu'il a laissés sont tous naturels, ils lui succèdent pour la totalité, à l'exclusion de ses père et mère; car la loi ne défère la succession de l'enfant naturel à ses père et mère que lorsqu'il est décédé sans postérité; mais elle ne distingue pas quant à la postérité légitime ou naturelle.

3° S'il n'a pas laissé de postérité, sa succession est déférée, à l'exclusion de tous autres, à ses père et mère naturels, par égales portions si tous deux l'ont reconnu, ou tout entière, à celui des deux qui l'a seul reconnu; quand de ses père et mère l'ayant tous deux reconnus l'un est décédé, sa portion accroît au survivant; car, aux termes de l'article 766, ce n'est qu'en cas de prédécès des père et mère, que la succession de l'enfant naturel est déférée à d'autres.

4° S'il n'a laissé ni descendants, ni père ni mère, mais des frères et sœurs, partie légitimes et partie naturels, ou tous légitimes, ou bien tous naturels, par une dérogation à l'article 732, qui défend d'avoir égard à l'origine des biens pour en régler la succession, la loi distingue parmi les biens de l'enfant naturel ceux qui lui proviennent de ses père et mère d'avec ceux qui lui sont personnels, comme lui provenant de son industrie ou de toute autre source; les premiers de ces biens, s'ils se retrouvent en nature dans la succession, passent aux frères et sœurs légitimes, de même que les actions en reprise s'il en existe ou le prix de ces biens aliénés s'il est encore dû (766).

Quant aux biens qui ne proviennent pas des père et mère

de l'enfant naturel, la loi les attribue à ses frères et sœurs naturels ou à leurs descendants; s'il n'y avait ni frères naturels ni descendants d'eux, ces biens passeraient au conjoint survivant et, à défaut de conjoint, à l'État, plutôt qu'aux frères légitimes auxquels l'enfant naturel est étranger ; les frères naturels, au contraire, ou leurs descendants prendraient seuls la succession entière, à défaut de frères légitimes.

Droits du conjoint survivant, de l'état des hospices.

Conjoimt survivant. — Lorsqu'une personne est décédée sans parents légitimes au degré successible, sans enfants naturels ou descendants d'eux, la loi respectant l'affection que le mariage a fait naître, défère sa succession au conjoint survivant *non divorcé*, fût-il même séparé de corps : car le lien indissoluble du mariage ne peut être détruit par l'effet de cette séparation.

État. — Si le défunt n'a laissé ni parents légitimes, ni enfant naturel ou descendant d'eux, ni conjoint, sa succession est en déshérence, ses biens se trouvent vacants et sans maîtres; en conséquence, en vertu de l'article 539, ils appartiennent à l'État qui s'en empare à défaut de tout autre ayant-droit.

Hospices. — Une loi du 15 pluviôse an XIII confère aux hospices le droit de succéder, à l'exclusion de tous héritiers, aux objets mobiliers que les malades ont apporté dans l'hospice où ils sont décédés, après avoir été soignés gratuitement; si les soins donnés à ces malades n'ont pas été gratuits, les mêmes objets n'appartiennent à l'hospice qu'en cas de déshérence et seulement à l'exclusion de l'État.

CHAPITRE VIII.

DES TESTAMENTS.

La loi, après avoir accordé une juste part aux droits sacrés de la famille, a permis à l'homme de disposer de ses biens pour le temps où il n'existera plus ; mais afin de prévenir la fraude si facile et si dangereuse en pareille matière, elle a voulu, tout en s'inclinant devant la volonté du testateur, que cette volonté se manifestât sous des formes certaines et invariables : ces formes sont requises à peine de nullité. Pourvu qu'elles aient été observées, l'intention du testateur, de quelque manière qu'elle se manifeste, suffit pour constituer un véritable testament.

Le testament, comme résultat d'une volonté certaine, doit être irrévocable dans son essence ; aussi la loi a-t-elle proscrit les testaments faits dans un seul et même acte par deux ou plusieurs personnes, soit au profit d'un tiers, soit à titre de dispositions réciproques.

Il y a trois formes de testament : le testament *olographe*, le testament par *acte public* et le testament *mystique*.

Trois conditions sont exigées pour le testament olographe : il faut qu'il soit *écrit* en entier, *daté* et *signé* de la main du testateur.

Le testament par acte public est reçu par deux notaires, attesté de deux témoins, ou par un notaire et quatre témoins. Il devra être dicté par le testateur aux notaires, dont l'un écrira. Lecture en sera ensuite donnée en présence de deux témoins par l'un des notaires du testateur, qui le signera, ainsi que les notaires et les témoins. Si le testateur ne sait ou ne peut signer, il en sera fait mention expresse : le tout à peine de nullité. Dans les campagnes, la loi exige seulement que deux témoins sachent signer.

Pour tester en cette forme, le testateur, en présence de six témoins, présentera au notaire l'acte qu'il déclarera contenir ses dernières volontés, et être écrit de sa main ou seulement signé par lui. Procès-verbal indicatif de ces formalités sera dressé par le notaire sur le papier même ou sur la feuille qui lui sert d'enveloppe; il le signera et le fera signer, tant par le testateur que par les témoins, le tout sans désemparer.

Si le testateur se trouve dans l'impossibité de signer l'acte de suscription, il suffira d'en faire mention; mais s'il n'a pu signer ses dernières dispositions, on devra appeler un septième témoin qui signera avec les autes. Mention sera faite du tout.

Celui qui ne sait pas lire ne peut tester dans la forme mystique, car il lui serait impossible de s'assurer que l'acte qu'il présente au notaire contient réellement l'expression de sa volonté.

Le testateur se trouve parfois dans des circonstances telles, qu'il lui serait impossible d'accomplir les formalités ordinaires; aussi la loi a-t-elle eu soin de tracer des règles particulières pour ces circonstances spéciales qui sont : le service militaire, une maladie contagieuse un voyage maritime, le séjour en pays étranger.

Le testament des militaires, ou de tous ceux employés à la suite des armées, pourra être reçu par un officier supérieur et deux témoins, ou par un commissaire des guerres et deux témoins ou par deux commissaires. Au cas où le militaire est malade ou blessé, le testament pourra être reçu par un officier de santé en chef avec le commandant militaire de l'hospice.

Ceux qui se trouvent dans un lieu avec lequel toute communication est interceptée à cause d'une maladie contagieuse, peuvent, lors même qu'ils n'en seraient point attaqués, faire leur testament devant le juge-de-paix, ou devant l'un des officiers municipaux de la commune, en présence de deux témoins.

En mer, le testament sera reçu par le capitaine, maître ou patron du navire, assisté de deux témoins et de l'officier de l'administration ou de l'écrivain. Pour le testament des capitaines, maîtres ou patrons, il sera reçu par les officiers qui viennent après eux dans l'ordre du service. Si le bâtiment aborde une terre étrangère, le testament peut être fait devant le chancelier du consulat, en présence du consul et de deux témoins.

Quant au testament fait en pays étranger, les formes sont celles usitées dans le pays où se trouve le testateur, s'il ne veut ou s'il ne peut tester en la forme olographe, ou, s'il ne préfère tester devant les agents diplomatiques français, suivant les lois françaises.

Dans les lazarets et autres lieux réservés, les testaments seront reçus par les membres de l'autorité sanitaire exerçant les fonctions d'officiers de l'état civil. Ces fonctions doivent être remplies par le président semainier de l'intendance, assisté du secrétaire.

Les libéralités, soit par acte entre-vifs, soit par testament, ne pourront excéder la moitié des biens du disposant s'il ne laisse à son décès qu'un enfant légitime; le tiers s'il laisse deux enfants; le quart s'il en laisse trois ou un plus grand nombre.

Sont compris sous le nom d'enfants les descendants en quelque degré que ce soit; néanmoins, ils ne sont comptés que pour l'enfant qu'ils représentent dans la succession du disposant.

Les libéralités ne pourront excéder la moitié des biens si, à défaut d'enfant, le défunt laisse un ou plusieurs ascendants dans chacune des lignes paternelle et maternelle, et les trois quarts s'il ne laisse d'ascendant que dans une ligne.

Révocation et caducité. — Le testament régulièrement fait et valable dans le principe, n'est, à vrai dire, qu'un projet qui doit, avant de recevoir son exécution, traverser un avenir incertain dont il subira les influences, et dans ce temps d'épreuves, mille évènements pourront décider de l'effet qu'il est appelé à produire.

Tout testament peut être révoqué de trois manières :

Par la volonté du testateur;

Par le fait du légataire;

Par la caducité.

Le testateur peut, jusqu'à sa mort, par la manifestation d'une volonté contraire, révoquer la totalité ou partie seulement des dispositions contenues dans son testament; que cette volonté soit *expresse*, c'est-à-dire formellement exprimée, ou *tacite*, c'est-à-dire s'induisant de certains actes qui la supposent.

Les formes auxquelles la révocation expresse est assujétie sont déterminées ainsi par le Code civil :

« Les testaments ne pourront être révoqués en tout ou en partie que par un testament postérieur ou par un acte devant notaire portant déclaration de changement de volonté. »

Les dispositions testamentaires peuvent être révoquées par le fait du locataire : 1º Pour cause d'inexécution des conditions imposées par le testateur à sa libéralité, 2º Pour cause d'ingratitude : l'ingratitude qui embrasse, en général, tout méfait répréhensible de sa nature commis envers un bienfaiteur, résulte ici, d'après la détermination de la loi : de l'attentat par le légataire à la vie du testateur, les sévices, délits ou injures graves dont il s'est rendu coupable envers lui, et de l'injure grave faite à sa mémoire.

Toute disposition testamentaire sera caduque : si celui en faveur de qui elle est faite n'a pas survécu au testateur; si l'héritier décède avant l'accomplissement de la condition à laquelle était subordonné le legs; si la chose léguée a totalement péri pendant la vie du testateur.

En cas de survenance d'enfants au testateur, la libéralité sera caduque pour tout ce qui excédera la quotité disponible.

CHAPITRE IX.

DES CONTRATS.

Le contrat est une convention par laquelle une ou plusieurs personnes s'obligent envers une ou plusieurs autres, à donner, à faire ou à ne pas faire quelque chose.

Ces expressions : *convention, obligation, contrat,* ne sont pas synonymes, quoique dans l'usage on les confonde ; le mot *convention* est générique, il exprime le consentement, l'accord des personnages sur un même objet, soit avec intention, soit sans intention de s'obliger.

Les contrats, suivant la division de notre Code, sont synallagmatiques ou bilatéraux, unilatéraux commutatifs, aléatoires, de bienfaisance ou à titre onéreux.

Le législateur, dans sa sagesse, a voulu soumettre la preuve de l'existence des contrats à plusieurs conditions qu'il a tracées d'une manière invariable. Ces conditions sont au nombre de quatre : — 1o le consentement de la personne qui s'oblige ; — 2o la capacité de contracter ; — 3o un objet certain qui forme la matière de l'engagement ; — 4o une cause licite dans l'obligation. Nous traiterons séparément ces quatre points.

Consentement — La base de tout contrat est le consentement de ceux qui le forment. Il doit être mutuel. Il est exprès ou tacite. Il est exprès quand on le manifeste de vive voix ou par écrit ; il est tacite lorsqu'on le manifeste par des actions, par des signes, ou même, en certains cas, par le silence.

Il doit être donné avec connaissance de cause, être libre, sans contrainte ni surprise. Si le consentement n'était revêtu de tous les caractères que nous venons d'énoncer, il pourrait donner lieu à l'une des trois causes de nullité, qui sont : l'*erreur*, la *violence*, le *dol*.

1° L'*erreur* est la non-conformité de nos idées avec la nature ou l'état des choses. Elle consiste à croire vrai ce qui est faux, ou croire faux ce qui est vrai; à supposer une chose qui n'existe pas.

Toute espèce d'*erreur* ne vicie pas la convention · pour que l'*erreur* emporte nullité, il faut qu'il soit évident que si elle n'eût pas existé le contrat n'aurait pas été formé.

L'*erreur* peut porter sur le motif qui a déterminé à contracter, ou sur la personne, ou sur la chose, ou sur la nature du contrat.

L'*erreur* est toujours une cause de nullité de la convention lorsqu'elle tombe sur la substance de la chose qui en est l'objet. C'est pourquoi si, voulant acheter une paire de chandeliers d'argent, j'achète une paire de chandeliers de cuivre argenté, la convention sera nulle.

Enfin l'*erreur* peut porter, avons-nous dit, sur la nature de la convention : si l'une des parties entend vendre un objet, et que l'autre croie le recevoir à titre de prêt ou de louage, il est évident qu'il n'y a ni vente, ni prêt, ni louage.

2° La *violence* et la *crainte* annullent le consentement aussi bien que l'*erreur;* car si la connaissance du motif, de la matière et de la nature du contrat est une condition nécessaire du consentement. la liberté est un de ses attributs les plus essentiels; la volonté forcée n'est pas une *volonté*. La *violence* exercée envers celui qui contracte sera donc une cause de nullité du consentement; par exemple, si l'on me conduit de force chez un notaire pour signer un acte.

La *violence* ne peut être établie en fait que lorsqu'elle est de nature à faire impression sur une personne douée d'un caractère ordinaire, et à lui inspirer la crainte d'un mal considérable. Il suit de ce principe qu'il y aurait *violence* si l'on menaçait une personne d'incendier ses propriétés. On a égard sur cette matière à l'âge, au sexe et à la condition des personnes; car telle menace qu'un homme voué aux *armes* ne fera que dédaigner, peut produire une profonde impression sur une femme ou un vieillard.

Le Code admet la *violence* comme cause de nullité lorsqu'elle est exercée non-seulement sur la partie contractante, mais encore lorsqu'elle l'a été sur son époux ou sur son épouse, sur ses descendants ou sur ses ascendants. En effet, les personnes qui sont unies par des liens aussi étroits ont, pour ainsi dire, une existence commune : les maux des uns sont partagés et se font sentir chez les autres.

L'article 1115 du Code civil déclare qu'un contrat ne peut plus être attaqué pour cause de *violence*, si, depuis que la violence a cessé, ce contrat a été approuvé, soit expressément, soit tacitement, soit en laissant passer le temps fixé par la loi, c'est-à-dire dix ans, qui ne courent que du jour où la violence a cessé.

3° Le *dol* est une cause de nullité de la convention lorsque les manœuvres pratiquées par l'une des parties sont telles, qu'il est évident que sans ces manœuvres l'autre partie n'aurait pas contracté.

On appelle *dol* toute espèce de fraude dont quelqu'un se sert pour tromper une autre personne. Ainsi, lorsque l'un des contractants a été trompé sur l'une des qualités de la chose qui fait l'objet du contrat, et qu'il est évident que si la partie eût été mieux informée elle n'eût pas contracté, la convention peut être annullée pour *dol*.

Le *dol* peut être positif ou négatif :

Positif, lorsqu'on emploie des manœuvres pour faire croire ce qui n'est pas ;

Négatif, lorsqu'on dissimule certains faits pour faire naître ou entretenir l'erreur.

Pour que le dol entraîne la nullité des conventions, il faut qu'il ait été commis par celui qui en profite, ou tout au moins qu'il y ait participé. Pratiqué par un tiers, il n'entraîne pas la nullité des conventions; il donne seulement lieu à une action en dommages-intérêts contre le tiers

Il est de principe que le *dol* ne se présume point et qu'il doit être prouvé. Cette disposition de la loi n'a d'autre objet que d'établir que c'est à celui qui allègue le *dol* à le prouver.

Mais si les parties se sont trompées par un *dol* mutuel, le *dol* est alors sans effet. Du principe que l'*erreur*, la *violence* et le *dol* ne se présument pas, il résulte que la convention entachée d'un de ces vices n'est pas nulle de plein droit; mais seulement annulable ou rescindable.

La *lésion* ne vicie les conventions qu'à l'égard de certaines personnes auxquelles la loi accorde une protection toute particulière, ou bien lorsqu'on a stipulé un prix bien au-dessus ou au-dessous de la chose.

Capacité des parties contractantes. — Pour la validité d'une convention, il ne suffit pas que le consentement n'ait pas été le résultat de l'*erreur*, de la *violence* ou du *dol*, il faut aussi que la personne qui s'oblige ait la capacité nécessaire. Toute personne peut contracter si elle n'a pas été déclarée incapable par la loi. Les incapables sont les mineurs, les femmes mariées, les interdits, et généralement tous ceux à qui il a été interdit certains actes.

Objet et matière des contrats. — On appelle objet ou matière du contrat le but final de la convention, ce que veulent se procurer les contractants, une chose qu'une partie s'oblige à donner, ou qu'une partie s'oblige à faire ou à ne pas faire.

Ce n'est pas seulement la propriété, mais encore le simple usage ou la simple possession d'une chose qui peut être, comme la chose même, l'objet du contrat; mais il faut que la chose soit au moins déterminée quant à son espèce.

Toutes les choses corporelles, incorporelles, mobilières et immobilières, peuvent être l'objet d'un contrat, à moins que la loi ne s'y oppose formellement.

Il n'y a que les choses qui sont dans le commerce qui puissent être l'objet des conventions.

Les choses qui sont dans le commerce sont tous les biens et droits appartenant aux particuliers, et dont ceux-ci ont la libre disposition

Dès lors, sont hors de commerce :

Les choses qui appartiennent au domaine public; elles ne peuvent pas même être aliénées par le gouvernement, si ce n'est en certains cas et sous certaines conditions, ou en vertu d'une loi spéciale.

Les choses futures peuvent être aussi l'objet d'une obligation. D'après ce principe, je puis vendre la récolte en blé ou en vin que je recueillerai cette année, et l'obligation s'évanouit si je ne recueille ni blé, ni vin. Mais une loi du 6 messidor an III, voulant prévenir des spéculations coupables et conserver les moyens de subsistances, défend la vente de grains en vert et pendant par racines.

On ne peut pas non plus renoncer à une succession non ouverte, ni faire aucune stipulation sur une pareille succession, même avec le consentement de celui de la succession duquel il s'agit ; de pareilles conventions ont toujours été considérées comme contraires aux bonnes mœurs ou à l'ordre public.

Cause et effet des obligations. — La quatrième et dernière cause des conditions essentielles à la validité des conventions est une *cause* exprimée ou non dans le contrat, mais réelle et licite.

Par la *cause* d'une obligation ou d'un contrat, le Code entend le motif déterminant, prochain, direct, de la promesse qu'il contient.

L'obligation est sans *cause* si, par exemple, on s'engage à payer un cheval qui n'a jamais été acheté ; elle est sur une fausse *cause* quand on s'oblige, comme héritier, à payer une somme, alors qu'on n'est pas en réalité héritier de la personne qui l'avait empruntée.

Ce n'est pas l'expression de la *cause*, mais son existence, qui est indispensable au contrat, la convention est valable si elle a une *cause*, quoique la *cause* n'y soit pas exprimée. Ainsi, lorsque par un billet une personne déclare qu'elle doit, elle reconnaît par cela même qu'il y a une *cause* légitime de la dette, quoique cette *cause* ne soit pas énoncée.

La *cause* est illicite quand elle est prohibée par la loi, quand elle est contraire aux bonnes mœurs ou à l'ordre public ; ainsi l'obligation contractée par une personne qui, pour un prix convenu, s'engagerait à tuer, à blesser ou seulement à nuire à un tiers, dans ses biens ou à sa réputation, est nulle de plein droit. L'accomplissement de ces faits ne soumet à aucune obligation, comme étant contraire aux lois et aux bonnes mœurs.

Les dettes de jeu et les paris ont aussi une *cause* illicite.

La loi sanctionne les *conventions*, elle les érige en loi; comme le dit l'art. 1134 du Code civil, les *conventions* légalement formées tiennent lieu de loi à ceux qui les ont faites.

Cette loi, lorsque le contrat est passé devant un officier public pour attester l'existence, est, comme les autres lois, exécutée au nom du roi, qui ordonne à la force publique de prêter main-forte à son exécution.

Mais si les *conventions* sont des lois, ce ne sont que des lois privées; elles sont le résultat du consentement mutuel des parties, et elles ne peuvent être révoquées que de leur consentement ou pour les causes que la loi autorise.

Du principe que les *conventions* doivent être exécutées de bonne foi, découle cette conséquence, que les *conventions* obligent, non-seulement à ce qui est exprimé, mais encore à toutes les suites que l'équité, l'usage ou la loi donnent à l'obligation, d'après sa nature.

Du titre authentique. — On appelle ainsi les actes reçus par un ou deux notaires.

Les notaires donnent à leurs actes un tel caractère d'authenticité, que leur date est certaine même contre des tiers, et qu'ils sont censés vrais jusqu'à inscription de faux.

Les actes notariés dans lesquels on a observé les formes déterminées par le Code civil, emportent hypothèque dans toute l'étendue du royaume.

L'acte qui n'est point authentique par l'incompétence ou l'incapacité de l'officier, ou par défaut de forme, vaut comme écriture privée s'il a été signé des parties.

L'acte authentique fait pleine foi de la convention qu'il renferme entre les parties contractantes et leurs héritiers ou yants-cause.

L'acte, soit authentique soit sous seing-privé, fait foi entre es parties, même de ce qui n'y est exprimé qu'en termes énonciatifs, pourvu que l'énonciation ait un rapport direct à la disosition.

Les énonciations étrangères à la disposition ne peuvent servir que d'un commencement de preuve.

D'après une disposition de la loi du 25 ventôse an XI sur le notariat, on a conclu avec raison qu'on n'est tenu de passer un acte par devant notaire que lorsque la loi l'ordonne formellement ; or, il en est fort peu dans ce cas, attendu qu'il est généralement reconnu qu'on peut passer sous signature privée presque toute espèce d'obligation.

En résumé, l'acte public et l'acte privé sont les preuves littérales les plus positives pour éclairer et satisfaire la justice ; elles sont presque toujours appréciées par les tribunaux.

Le premier fait foi pleine et entière par lui-même, par lui seul, et sans que celui au profit duquel il est passé puisse se plaindre et ait rien à prouver ; le second, dont nous devons surtout nous occuper dans cet ouvrage, étant reconnu par ceux qui l'ont souscrit, acquiert la même foi et produit les mêmes effets que le premier ; seulement c'est à la requête de la partie la plus diligente, et non du ministère public, que la preuve et l'action obligatoire doivent être poursuivies.

Des actes qu'on peut passer sous seing-privé. — Nous avons dit que les actes sous seing-privé obligent les contractants de la même manière que les actes authentiques, mais ils ne font pleine foi que du jour où ils sont reconnus en justice ou devant notaire.

Il y a deux principales espèces d'actes sous seing-privé proprement dit : ceux qui renferment des obligations synallagmatiques ou bilatérales, et ceux qui ne renferment que des obligations unilatérales sans réciprocité.

Les actes sous signature privée ne sont, en général, soumis à aucune formalité légale proprement dite.

Néanmoins ils doivent contenir

1° L'énonciation des noms, prénoms, professions, qualités et demeures des personnes qui contractent ;

2° L'énumération des conventions, obligations, faits et paiements, objets des contrats ;

3° L'indication précise du lieu où ils sont passés, celle du moment ou de l'endroit où ils doivent être exécutés, la date du jour, mois et an de leur passation.

Les actes privés doivent être rédigés avec clarté et précision ; la plupart des procès n'ont point d'autre cause que la mauvaise rédaction ou l'obscurité des contrats.

En écrivant un acte sous-seing-privé, on doit éviter avec soin de laisser des blancs et autres intervalles entre les mots où la fraude et la mauvaise foi pourraient intercaler d'autres mots ou des phrases ; il faut également éviter les surcharges, les mots ajoutés, les abréviations ; les sommes et les dates doivent être énoncées en toutes lettres et non pas en chiffres. Si on est forcé de faire des ratures, additions, etc., mention approuvée doit s'en faire au bas de l'acte, sous peine de nullité desdites ratures ou additions.

Les renvois et apostilles doivent aussi, sous peine de nullité, être placés en marge de l'acte, approuvés, signés et paraphés par les parties.

Dans les cas où ils seraient trop longs pour être mis en marge, on peut sans inconvénient les transposer à la fin de la feuille.

Quatre sortes d'actes doivent être passés devant notaires, à peine de nullité ; ce sont : 1º les donations entre-vifs ; 2º les testaments mystiques ou publics, 3º les contrats de mariage ; 4º les consentements d'hypothèques.

Tous les autres actes, tant civils que commerciaux, peuvent être passés par devant notaire ou sous signature privée.

Voici la nomenclature des actes civils qu'on est libre de passer de l'une ou de l'autre manière

Les dépôts, — gages, — obligations, — engagements, — garanties, promesses, contrats de solidarité, — prêts, — nantissements, — cautions, — quittances et décharges ;

Les ventes, — cessions, — transports, — échanges de biens, — maisons, — rentes, — droits successifs, — meubles et effets ;

Les baux de biens et maisons ou rachats, — rétrocessions, — les constitutions, — les procurations et autorisations, — continuations de baux ;

Les transactions et compromis pour arbitrage ; — les lots et partages de successions, — les testaments olographes, — les comptes de tutelle et de communauté ;

Les actes de commerce qu'on peut passer sous signature

privée ne sont pas moins nombreux que les actes civils. Nous citerons encore ceux dont l'usage est plus répandu.

Les lettres de change et billets ;—les ventes,— promesses de vente de marchandises et fonds de commerce, — arrêtés de compte ;

Les actes de société, — résiliation et renouvellement de société, — les brevets d'apprentissage, — engagements d'ouvriers, — soumission pour fourniture ou fabrications de marchandises, — les devis et marchés, — les bilans, — accords, attermoiement, cessions de biens.

Caractères communs aux actes sous seing-privé.

Les actes sous seing-privé qui contiennent des conventions synallagmatiques ne sont pas valables qu'autant qu'ils ont été faits en autant d'originaux qu'il y a de parties ayant un intérêt dsitinct.

Il suffit d'un seul original pour toutes les personnes ayant le même intérêt.

Chaque original doit contenir la mention du nombre d'originaux qui ont été faits.

* Néanmoins, le défaut de mention que les originaux ont été faits doubles, triples, etc., ne peut être opposé par celui qui a exécuté de sa part la convention portée dans l'acte.

Le motif de la loi est sensible ; car, puisque chacune des parties est obligée, il faut à chacune d'elles un titre pour contraindre l'autre à l'exécution de la convention.

L'acte sous seing-privé, reconnu par celui auquel on l'oppose, ou légalement tenu pour reconnu, a, entre ceux qui l'ont souscrit et entre leurs héritiers et ayants-cause, la même foi que l'acte authentique.

L'acte sous seing-privé prouve aussi contre les tiers, comme l'acte authentique, l'existence de la convention, pourvu qu'il y ait date certaine à leur égard ; ainsi il peut très bien servir de base à la prescription de 10 à 20 ans, à partir du jour où il a acquis une telle date. Du reste, on l'a toujours pensé et jugé de la sorte.

Les actes sous seing-privé n'ont de date contre les tiers que du jour où ils ont été enregistrés, — du jour de la mort de celui ou de l'un de ceux qui les ont souscrits, —ou du jour où leur substance est constatée dans les actes dressés par les officiers publics.

Les actes sous seing-privé doivent être écrits sur papier timbré. Ceux pour lesquels cette formalité a été négligée ne peuvent être produits en justice pour recevoir leur exécution.

En général, si le *Code civil* ne prescrit aucune formalité pour la validité des actes sous seing-privé, et s'il n'exige pas qu'ils soient revêtus de la date ni de la mention du lieu où ils ont été faits, et que la loi du notariat ne leur soit point applicable, cependant la mention de la date, surtout, serait très utile pour connaître si l'acte a été souscrit en temps de minorité ou de majorité, avant ou pendant l'interdiction ou le mariage.

Quelques personnes peu habituées aux affaires s'imaginent pouvoir suppléer à la signature en faisant une croix au bas de l'acte. Un pareil signe n'a aucune valeur ; il n'y a que les officiers publics qui puissent recevoir des actes des parties qui ne savent ou ne peuvent signer.

Suivant l'article 1326 du *Code civil*, le billet ou la promesse sous seing-privé par laquelle une seule personne s'engage envers l'autre à lui payer une somme d'argent ou une chose appréciable, doit être écrit en entier de la main de celui qui le souscrit. Il sera valable pourvu qu'outre sa signature il ait écrit de sa main un *bon* ou un *approuvé* portant en toutes lettres la somme ou la quantité de la chose.

Excepté dans le cas où l'acte émane de marchands, artisans, laboureurs, vignerons, gens de journée et de service.

Lorsque la somme exprimée au corps de l'acte est différente de celle exprimée au *bon*, l'obligation est présumée n'être que de la somme moindre, lors même que l'acte ainsi que le bon sont écrits en entier de la main de celui qui s'est obligé ; à moins qu'il ne soit prouvé de quel côté est l'erreur.

Des registres des marchands.

La preuve littérale d'une obligation peut résulter aussi d'autres écrits qui ne sont ni titres authentiques, ni actes sous signature privée.

Ainsi les livres des marchands et négociants, les registres et papiers domestiques, signés ou non, peuvent faire foi et avoir, dans certains cas prévus par la loi, toute la force virtuelle d'un acte privé ordinaire.

Cependant les premiers ne font foi qu'entre marchands ou négociants, et comme nul ne peut se faire un titre à lui-même, le législateur a décidé qu'ainsi que les papiers domestiques, ils ne sont point un titre et ne peuvent toujours être invoqués par celui qui les a écrits. Ils font foi contre lui : 1º dans tous les cas où ils énoncent formellement un paiement reçu; 2º lorsqu'ils contiennent la mention expresse que la note a été faite pour suppléer le défaut du titre en faveur de celui au profit duquel ils énoncent une obligation.

L'écriture mise par le créancier à la suite, en marge ou au dos d'un titre qui est toujours resté en sa possession, fait foi, quoique non signée ni datée par lui, lorsqu'elle tend à établir la libération du débiteur. Il en est de même de l'écriture mise par le créancier au dos, ou en marge, ou à la suite du double d'un titre ou d'une quittance, pourvu que le double soit entre les mains du débiteur. Si l'écriture mise sur le double du débiteur ou sur une quittance, est barrée, elle cesse de faire foi, car il est évident qu'ayant ce titre en sa possession, il n'aurait pas laissé barrer l'écriture s'il avait réellement effectué le paiement.

Suivant l'article 109 du *Code de Commerce*, les achats et les ventes entre les commerçants peuvent se constater par leurs registres; mais il faut pour cela qu'ils soient régulièrement tenus, sinon ils ne doivent point faire foi au profit de celui qui les représente, car le marchand ne peut se prévaloir de sa propre négligence.

De l'interprétation des actes sous seing-privé, et des dommages-intérêts que peut entraîner leur interprétation.

Nous avons dit que les conventions légalement formées tiennent lieu de loi à ceux qui les ont faites. Elles ne peuvent être révoquées que de leur consentement mutuel ou pour les causes que la loi autorise. Elles doivent être exécutées de bonne foi.

Les conventions obligent, non-seulement à ce qui est exprimé en l'acte qui les contient, mais encore à toutes les suites que l'équité, l'usage ou la loi donnent à l'obligation d'après sa nature.

Lorsqu'une clause est susceptible de deux sens, on doit plutôt l'entendre dans celui avec lequel elle peut avoir quelque effet que dans le sens avec lequel elle n'en pourrait produire aucun.

Les termes susceptibles de deux sens doivent être pris dans le sens qui convient le plus à la matière des contrats.

Ce qui est ambigu s'interprète par ce qui est d'usage dans le pays où le contrat est passé.

L'usage des lieux doit expliquer l'intention des parties, parce qu'il est à croire qu'elles ont voulu le prendre pour régulateur de l'étendue de leurs obligations.

On doit suppléer dans le contrat les clauses qui y sont d'usage, quoiqu'elles ne soient pas exprimées.

Par exemple, dans un contrat de louage d'une maison, quoiqu'on n'ait pas exprimé que le loyer serait payable par terme, que le locataire serait tenu des réparations locatives, qu'il répond des dégradations et de l'incendie, etc., ces clauses y sont naturellement sous-entendues.

Dans le doute, la convention s'interprète contre celui qui a stipulé et en faveur de celui qui a contracté l'obligation ; par exemple, lorsqu'un créancier, par la nature du rôle qu'il joue, est le maître d'imposer les conditions qui auraient dû expliquer plus clairement ses intentions pour fixer le débiteur sur a position, toujours plus ou moins défavorable.

Quelque généraux que soient les termes dans lesquels une convention est conçue, elle ne comprend que les choses sur lesquelles les parties se sont proposées de contracter.

Lorsque dans un contrat on a exprimé un cas pour l'explication de l'obligation, on n'est pas censé avoir voulu par là restreindre l'étendue que l'engagement reçoit de droit aux cas non exprimés.

Si les actes, étant clairs, ne présentent point d'ambiguïté et ne sont point susceptibles d'interprétation et que la partie obligée se refuse à l'exécution, elle est passible de dommages-intérêts auxquels peut la faire condamner par les tribunaux, l'autre partie, au profit de laquelle doit être exécutée la convention.

Mais les dommages et intérêts ne sont dus que lorsque le débiteur est en demeure de remplir son obligation, excepté néanmoins lorsque, la chose que le débiteur s'était obligé de donner ou de faire ne pouvait être donnée ou faite que dans un certain temps qu'il a laissé passer. »

Il n'y a lieu à aucuns dommages-intérêts lorsque, par suite d'une force majeure ou d'un cas fortuit, le débiteur a été empêché de donner ou de faire ce à quoi il était obligé, ou ce qui lui était interdit.

Les dommages-intérêts dus au créaancier sont, en général, de la perte qu'il a faite ou du gain dont il a été privé, sauf les exceptions et modifications ci-après.

Le débiteur n'est tenu que des dommages-intérêts qui ont été prévus ou qu'on n'a pu prévoir lors du contrat; lorsque ce n'est point par son dol ou que l'obligation n'est point exécutée.

Dans le cas même où l'inexécution de la convention résulte du dol du débiteur, les dommages-intérêts ne doivent comprendre, à l'égard de la perte éprouvée par le créancier et du gain dont il a été privé, que ce qui est une suite immédiate et directe de l'inexécution de la convention.

Lorsque la convention porte que celui qui manquera de l'exécuter paiera une certaine somme à titre de dommages-intérêts, il ne peut être alloué à l'autre partie une somme plus forte ni moindre.

Dans les obligations qui se bornent au paiement d'une certaine somme, les dommages-intérêts résultant du retard dans l'exécution, ne consistent jamais que dans la condamnation aux intérêts fixés par la loi (*5 pour 100 en matière civile et 6 pour 100 en matière commerciale*), sauf les règles particulières au commerce et au cautionnement.

Ces dommages-interêts sont dus sans que le créancier soit tenu de justifier d'aucune perte.

Ils ne sont dus que du jour de la demande (en justice), excepté dans le cas où la loi les fait courir de plein droit.

Les intérêts échus des capitaux peuvent produire des intérêts ou par une demande judiciaire ou par une convention spéciale, pourvu que, soit dans la demande, soit dans la convention, il s'agisse d'intérêts dus au moins pour une année entière.

Néanmoins les revenus échus, tels que fermages, loyers, arrérages de rentes perpétuelles ou viagères, produisent intérêt du jour de la demande ou de la convention.

La même règle s'applique aux restitutions de fruits et aux intérêts payés par un tiers au créancier en acquit du débiteur.

Au surplus, le législateur n'ayant pu prévoir tous les cas de contestation et d'interprétation, a dû laisser aux magistrats le soin de suppléer à son impuissance ; jamais ils ne doivent décider que conformément à la justice, au droit et à la raison, qui, suivant la belle expression d'un jurisconsulte célèbre (M. Portalis), est la loi non écrite; cependant, quelque sens qu'ils donnent aux actes, il ne peut y avoir de contravention aux différents articles du Code, dont les dispositions sur l'interprétation des conventions sont plutôt des conseils que des règles impératives ; une conscience droite et une saine raison doivent toujours guider le magistrat auquel est soumise l'interprétation d'un contrat, de quelque manière qu'il ait été rédigé.

Ainsi le législateur se bornant à signaler les vices les plus fréquents, susceptibles d'altérer ou d'annuller un contrat, son attention et sa sollicitude n'ont pu prévenir ni empêcher leurs conséquences fâcheuses pour les parties contractant de bonne foi : ce qu'on peut faire de mieux est donc d'en éviter l'écueil.

En effet, invoquer la protection de la loi lorsque la rédaction d'un acte est ambiguë, c'est très bien ; mais il vaut mieux, lorsqu'on y est à temps, apporter avec le plus grand soin et une

sage prévoyance son attention à son interprétation, **afin d'é-**
viter ces vices, causes premières des contestations.

Jurisprudence des actes publics et des actes sous seing-privé.

L'approbation d'une nature faite par renvoi à la fin de l'acte,
doit, pour être valable, être revêtue d'une signature spéciale de
la part du notaire, des parties et des témoins. La simple signature qui termine l'acte est insuffisante, quoique l'approbation
ait été écrite avant la signature.

Un acte public passé devant notaire est nul s'il ne contient
pas la mention de la signature des parties et des témoins ou
si cette mention a été intercalée après coup et sans l'approbation des contractants; le notaire en ce cas est responsable.

L'acte sous-seing privé reconnu par toutes les parties, et par
elles déposé chez un notaire, devient authentique par le seul
fait du dépôt, alors aussi devient valide l'hypothèque conventionnelle conférée par l'acte originairement sous seing-privé
(Cass. 11 juillet 1815).

Le défaut d'approbation exigée par la loi de la somme portée
au billet peut être couvert par une reconnaissance postérieure
à la date.

Le billet d'un propriétaire qui laboure ses propres terres, est
valable quoique non écrit de sa main, et quoiqu'il ne soit pas
revêtu d'un bon ou approuvé.

Une obligation n'exprimant point sa cause est néanmoins
présumée en avoir une; c'est au débiteur à prouver que l'obligation n'a réellement aucune cause. (Cour royale d'Agen,
3 juillet 1830).

L'énonciation, dans la facture des marchandises vendues,
que le prix en sera payé au domicile du vendeur, est attribu-
tive de juridiction au tribunal de commerce de la ville dont
dépend ce domicile, si l'acheteur a reçu la facture ainsi que
les marchandises, sans élever aucune réclamation. Il en doit
être ainsi alors que la facture n'a pas été acceptée par l'ache-

teur. Le compromis sous seing-privé fait en un seul original est nul.

Lorsque, sans fixer le délai, une lettre de voiture énonce que le transport des marchandises sera effectué en toute diligence, sous peine de la retenue du tiers du prix, il est dans les attributions du juge de décider, par les circonstances de la cause, qu'après tel ou tel délai il y a eu retard et par conséquent lieu à la retenue stipulée dans la lettre de voiture (Cour royale de Toulouse, 17 mai 1827).

Les obligations consenties par un individu qui depuis a été pourvu d'un conseil judiciaire, sont nulles, si elles n'ont pas une date certaine et antérieure à la nomination du conseil.

L'obligation souscrite dans le but d'assurer l'exécution d'une promesse de mariage est nulle, de même que la promesse elle-même, dont elle est l'accessoire, comme portant atteinte à la liberté des mariages (Cass. 2 mars 1836).

La stipulation dans un contrat de vente que le prix sera payé à la volonté de l'acquéreur, est une constitution de rente qui rend le prix non exigible.

CHAPITRE X.

DU MANDAT.

Le mandat ou procuration est un acte par lequel une personne donne à une autre le pouvoir de faire quelque chose pour le mandant et en son nom. Le contrat ne se forme que par l'acceptation du mandataire.

Il faut que le mandataire puisse faire la chose dont on le

charge. Ainsi, on ne pourrait valablement donner mandat à un aveugle de lever un paysage et à un mort civilement de représenter une personne dans une instance. Mais le mandat n'est pas nul lorsqu'il ne peut être exécuté par l'habileté du mandataire seul.

L'affaire doit être licite. La loi ne prêterait pas son appui à des conventions qui auraient un but immoral ou qui tendraient à troubler l'ordre public.

Le mandant est censé agir lui-même par la personne de son mandataire, et de là, résulte qu'une personne ne peut donner à un tiers mandat de faire quelque chose qu'elle ne pourrait faire elle-même.

Le mandat se forme par le seul consentement des parties et se prouve par acte authentique ou sous seing-privé, par la correspondance et par témoins; mais la preuve testimoniale n'est admise que conformément à ce qui est dit au chapitre des contrats et obligations.

Le mandat peut être donné purement et simplement ou à terme, ou sous condition. Il est accepté expressément ou tacitement. L'acceptation est expresse, lorsque la personne à qui le mandat est donné déclare qu'elle l'exécutera. L'acceptation tacite résulte de l'exécution du mandat. Pour faire présumer une acceptation tacite, un commencement d'exécution n'est pas toujours nécessaire : l'acceptation peut s'induire d'après les circonstances, du silence de la personne à qui la procuration est envoyée.

La gratuité, qui forma pendant longtemps en droit romain une condition essentielle du mandat, n'a pas été adoptée par le Code civil, qui permet la stipulation d'un salaire.

— Le mandat est de deux sortes : général ou spécial.

— Le mandat conçu en termes généraux n'embrasse que les actes d'administration; s'il s'agit de quelque acte de propriété, il faut que le mandat soit exprès.

— Les actes que doit faire un mandataire général étant très nombreux, voici les principaux :

Un mandataire général fait valoir les biens du mandant, soit par ses mains, soit en les donnant à ferme ou à loyer; mais les baux ne doivent pas ordinairement dépasser la durée fixée par les art. 1429 et 1430. Ceux qui seraient faits pour un temps plus long tiendraient de l'aliénation, et excéderaient par conséquent les pouvoirs d'un administrateur. Le mandataire général poursuit le paiement des créances du mandant et donne des quittances valables : toutes les voies de droit lui sont ouvertes contre les débiteurs qui refuseraient de se libérer. Il fait toutes les réparations nécessaires et d'entretien. Il accepte les legs particuliers et à titre universel. Il lui est permis, nonobstant les termes généraux de l'art. 1988, de vendre les récoltes, les marchandises et autres objets sujets à dépérissement ou à dépréciation... etc. Mais un fondé de procuration générale ne peut accepter une succession, une donation, provoquer un partage, renoncer au bénéfice d'une prescription acquise, ni cautionner les tiers pour le mandant...

— Le mandat spécial est donné pour une affaire ou certaines affaires seulement ; ainsi, le mandat de vendre tel immeuble ou tous les immeubles situés dans tel département est un mandat spécial, car il ne s'étend pas aux autres immeubles ni aux autres affaires du mandant.

— Le mandat spécial doit toujours être restreint aux actes pour lesquels il a été donné. On ne peut l'étendre à d'autres actes qui, jusqu'à un certain point, paraissent être une suite naturelle de ceux que le mandataire était chargé de faire. Par application de cette règle, on décide que le pouvoir de vendre n'emporte pas celui de toucher le prix, et le pouvoir de transiger celui de compromettre.

Des obligations du mandataire.

— Celui qui accepte un mandat contracte l'obligation de bien gérer l'affaire dont il se charge et de rendre compte de la gestion. Il se rend responsable de tous les dommages qui sont occasionés au mandant par l'inexécution de la procuration. Il doit même, s'il y a péril en la demeure, achever la chose commencée au décès du mandant. La seule inaction du mandataire ne suffit pas pour qu'on prononce des condamnations contre lui ; il faut, d'après l'art. 1991, que le mandant ait eu à souffrir de cette inaction.

— Le mandataire répond, non-seulement de son dol, mais encore des fautes qu'il commet dans sa gestion.

— En règle générale, le mandataire peut se substituer un tiers ; mais le législateur fait peser sur le mandataire la responsabilité de la substitution ; de plus, elle donne au mandant une garantie fort précieuse, en lui accordant une action directe contre le substitué.

— Le mandataire doit rendre compte de sa gestion et faire raison au mandant de tout ce qu'il a touché en vertu du mandat. Il n'y a même lieu d'examiner si ce qu'il a reçu était dû ou non.

— Le mandataire manquerait à la bonne foi, s'il faisait tourner à son profit les deniers du mandant sans la permission de celui-ci. En conséquence, il doit de plein droit les intérêts des sommes qu'il a employées à son usage, à dater de cet emploi.

— Toutes les fois que le fondé de pouvoir suit les instructions qu'il a reçues et traite en sa qualité de mandataire, le mandant seul se trouve lié ; mais si le mandataire excède, il est responsable à l'égard des tiers, quoique celui ait traité au nom du mandant et ne se soit pas porté fort de faire ratifier l'opération.

Des obligations du mandant.

Le mandant doit rembourser au mandataire les avances que celui-ci a faites personnellement pour l'exécution du mandat et tout ce que des tiers peuvent avoir dépensé pour la même cause, au nom du mandataire.

Les risques et périls de l'entreprise pèsent sur celui qui a donné le mandat. Lorsque le mandataire a fait tout ce qu'on pouvait attendre de lui, l'insuccès doit être attribué ou à un cas fortuit, ou au mandant qui aura mal conçu l'opération ou donné des renseignements insuffisants pour qu'elle produisît d'heureux résultats.

— L'intérêt des avances faites par le mandataire lui est dû par le mandant, à dater du jour des avances constatées.

— Lorsqu'un mandataire a été constitué par plusieurs personnes pour une affaire commune, chacune d'elles est tenue solidairement, envers lui, de tous les effets du mandat.

— Le mandant doit remplir les engagements contractés par le mandataire, conformément au pouvoir qui lui a été donné. Si le mandataire a parlé dans l'acte au nom du mandant, celui-ci peut agir directement contre les tiers avec lesquels le mandataire a traité, et réciproquement, les tiers peuvent agir directement contre le mandant ; mais il n'en est pas de même quand le fondé de pouvoir a traité en son propre nom. Dans ce cas, les tiers et le mandant n'ont que l'action tirée de l'art. 1166, à moins qu'ils ne se fassent céder les actions que le mandataire peut exercer de son chef.

Le mandat reçoit une exécution irréprochable, lorsque le mandataire fait, aux conditions prescrites ou à des conditions meilleures, l'affaire dont il a été chargé. Les limites de la procuration sont au contraire dépassées : 1o lorsque le mandataire fait l'opération à des conditions plus onéreuses que celles portées au mandat ; 2o lorsqu'il fait ce dont il est chargé et quelque chose de plus ; 3o lorsqu'il fait une chose autre que celle dont il s'est chargé ; 4o s'il s'est substitué un tiers contre la volonté du mandant ; 5o lorsqu'il fait seul ce qu'il devait faire conjointement avec un autre ou par le conseil d'un autre.

· Tout ce que le mandataire a fait en dehors du mandat est comme non avenu à l'égard du mandant qui n'a pas ratifié d'une manière expresse ou tacite.

Des différentes manières dont le mandat finit.

— Le mandat qui n'a pas été limité à une certaine durée ou soumis à quelque condition, vaut tant que le mandant vit et ne le révoque pas. Sauf cependant le cas où le mandant venant à disparaître, la possession provisoire de ses biens serait accordée à ses héritiers présomptifs.

— Le dérangement des affaires du mandant, c'est-à-dire sa

faillite ou sa déconfiture, survenue depuis l'acceptation de la procuration, est un motif suffisant de dispenser le mandataire d'exécuter un mandat au sujet duquel il y a des sommes à avancer, à moins toutefois que le mandant n'offre de lui remettre les deniers nécessaires. Il ne serait pas juste, en effet, que le mandataire fût exposé à perdre ses avances.

— Le mandataire peut renoncer au mandat, en notifiant au mandant sa renonciation. Néanmoins, si cette renonciation préjudicie au mandant, il devra en être indemnisé par le mandataire, à moins que celui-ci ne se trouve dans l'impossibilité de continuer le mandat, sans éprouver lui-même un préjudice considérable.

Le mandat reposant sur la confiance que le mandant accorde à la personne du mandataire, la mort de celui-ci met fin au mandat. De là, il résulte que les héritiers du mandataire en faisant l'opération confiée à leur auteur, n'obligent pas le mandant, lors même qu'ils la font de la manière la plus avantageuse. Toutefois, si le mandataire meurt après avoir commencé l'affaire, ses héritiers doivent en donner avis au mandant, et pourvoir en attendant à ce que les circonstances exigent dans l'intérêt de celui-ci.

CHAPITRE XI.

DE LA VENTE.

La vente est une convention par laquelle l'un s'oblige à livrer une chose, et l'autre, à la payer.

La vente est un contrat consensuel, car elle se forme par le seul consentement des parties; synallagmatique, car le vendeur et l'acheteur s'obligent réciproquement l'un envers l'autre; commutatif, car le prix est, dans l'intention du vendeur, l'équivalent de ce qu'il donne en nature; de plus, c'est un contrat non solennel; l'écriture n'est requise que pour la preuve, et le consentement, sous le Code civil, n'a besoin d'emprunter aucune forme pour être valable.

Trois choses indispensables sont constitutives de la vente : la *chose*, le *prix*, le *consentement* des parties.

La vente peut être accompagnée de quelques conventions qui la modifient : elle peut porter sur deux ou plusieurs choses alternatives, et, dans ce cas, son effet est réglé d'après les principes généraux des conventions. Elle peut être affectée par une condition suspensive ou résolutoire; dans le premier cas, la vente est bien parfaite, en ce sens que l'une des parties ne peut en discéder sans le consentement de l'autre; mais sous d'autres rapports, elle n'acquiert sa véritable perfection que par l'évènement de la condition; à l'égard des conditions résolutoires, le contrat est pur et simple dans son principe; seulement, il peut être résolu si la condition se vérifie.

La vente pure et simple produit elle-même des effets divers, suivant la nature des objets vendus; ainsi, lorsque l'on vend des marchandises au poids, au compte ou à la mesure, les risques sont pour le vendeur; ainsi lorsqu'on vend du vin, de l'huile ou d'autres choses qu'on est dans l'usage de goûter, il n'y a pas vente avant la dégustation, ainsi la vente à l'essai est présumée faite sous condition.

Reste la promesse de vente. L'art. 1589 en disant que pour que la promesse de vente vaille vente, il faut qu'il y ait consentement réciproque des parties sur la chose et sur le prix, entend par une telle promesse une vente véritable.

Lorsque la promesse de vente a été faite avec des arrhes, elle reste en suspens tant que les parties ne sont pas sorties des termes d'une simple promesse pour faire un contrat de vente définitif. Il y a toujours lieu au repentir, et le promettant et l'acceptant sont censés être convenus que le défaut d'exécution se résoudrait en simples dommages et intérêts dont les arrhes sont la mesure.

Ce n'est pas seulement la promesse de vente qui peut être faite avec des arrhes; il arrive quelquefois qu'on en ajoute à la vente elle-même. Si la vente est soumise à une condition suspensive ou résolutoire, les arrhes sont la mesure des dommages et intérêts; si elle est pure et simple, il faut les considérer comme simple à-compte sur le prix.

Qui peut acheter et vendre.

La liberté de vendre et d'acheter est de droit commun et forme la règle générale.

Choses qui peuvent être vendues.

Toutes les choses qui sont dans le commerce peuvent être vendues, et pour qu'une chose soit inaliénable, il faut qu'elle ait été retranchée du commerce par une loi. On peut vendre non-seulement les choses qu'on possède actuellement, mais celles qu'on peut avoir par la suite. Les choses futures donnent naissance à une vente conditionnelle; les choses incertaines, les choses incorporelles peuvent être également vendues.

Certaines lois défendent la vente des choses qui nuiraient à la sécurité ou à la salubrité publique; la vénalité des offices est et a toujours été défendue par tous les gouvernements moraux; pour la vente d'un droit à des aliments, il faut distinguer s'il est dû en vertu du droit naturel ou en vertu d'une convention; l'art. 1599 déclare nulle la vente de la chose d'autrui. Cette prohibition est une conséquence immédiate du principe de la translation de la propriété par la convention même.

Par un motif de moralité, le Code a défendu la vente d'une succession future, et cette dernière vente ne peut jamais être ratifiée. Pour qu'il y ait vente d'une succession future, il n'est pas nécessaire qu'on ait stipulé sur l'universalité ou sur une part aliquote de la succession, il suffit de l'aliénation d'une chose individuelle.

Pour la vente de la chose volée, nous renvoyons aux articles 2279, 2280.

La vente d'une chose périe en totalité au moment du contrat, est nulle. Si la chose a péri en partie, il est au choix de l'acquéreur d'abandonner la vente ou de demander la partie conservée en faisant réduire le prix par ventilation.

Obligations du vendeur.

Il y a plus de fols acheteurs que de fols vendeurs, a dit Loisel, et cela est tout naturel : le vendeur connaît l'état de la chose vendue, tandis que l'acheteur n'ayant sur elle que des notions incomplètes, court beaucoup de chances d'erreur. Il n'y a donc pas égalité entre l'acheteur et le vendeur; de là, la sévérité de la loi à l'égard de ce dernier. Outre qu'il doit la délivrance et la garantie de la chose vendue, tout ce qui est obscur ou ambigu va s'interpréter contre lui.

Délivrance. — La tradition est le moyen d'exécuter le contrat. Trois éléments constituent la tradition : 1° l'abandonnement volontaire par le propriétaire; 2° l'appréhension de la chose par l'acquéreur· 3° l'intention de la part de ce dernier de se l'approprier.

La délivrance se fera au lieu où était, au temps de la vente, la chose qui en est l'objet. La chose doit être délivrée dans l'état où elle se trouve au moment de la vente, avec tous ses accessoires et tout ce qui a été destiné à son usage perpétuel. Il faut, de plus, y joindre les fruits perçus depuis la vente. Les frais de cette délivrance sont à la charge du vendeur ; les frais d'enlèvement retombent sur l'acheteur.

Lorsque le vendeur manque à faire la délivrance au temps convenu, l'acquéreur peut, à son choix, demander la résolution de la vente ou se faire mettre en possession, avec des dommages et intérêts dans les deux cas. S'il demande la restitution, il devra la faire prononcer en justice; s'il demande à être mis en possession, le jugement de mise en possession équivaut à la délivrance, et le vendeur peut y être forcé, car il ne s'agit pas ici d'une obligation de faire qui peut se résoudre en dommages et intérêts.

Réciproquement, si l'acheteur ne paie pas le prix convenu et que le vendeur ne lui ait pas donné terme pour le paiement, le vendeur n'est pas tenu de délivrer la chose; il n'en est pas non plus tenu, même quand il a accordé un terme, si l'acheteur est tombé en faillite ou en déconfiture et ne donne pas caution de payer au terme.

Le vendeur est obligé à délivrer la contenance portée au contrat. A cet égard, la loi fait une distinction quand il s'agit d'immeubles : 1° ou bien l'immeuble a été vendu avec indication de contenance, à tant la mesure; 2° ou bien il a été vendu avec indication de contenance, mais pour un prix total; 3° ou bien deux immeubles ont été vendus pour un seul prix, mais avec indication de la mesure de chacun, et il se trouve plus de contenance dans l'un et moins dans l'autre.

Dans le premier cas, y a-t-il déficit dans la contenance? L'acquéreur peut exiger qu'elle soit complétée ou se contenter d'une diminution proportionnelle dans le prix total; y a-t-il un excédent? Cet excédent est-il d'un vingtième au-dessus de la contenance déclarée? L'acheteur a le choix, ou de fournir le supplément du prix ou de se désister du contrat. Dans le second cas, au contraire, la déclaration de contenance ne donne lieu à aucun supplément de prix en faveur du vendeur pour l'excédant ni en faveur de l'acquéreur à aucune diminution de prix pour déficit, à moins que le déficit ou l'excédant ne soit d'un vingtième en plus ou en moins, eu égard à la valeur totale des objets vendus. Dans le cas où il y a lieu à supplément de prix, l'acheteur peut encore, s'il le préfère, se désister de son achat. Dans tous les cas, les actions de part et d'autre doivent être intentées dans l'année à compter du jour du contrat; un terme plus long eût jeté trop d'incertitude sur les propriétés.

Dans le troisième cas, on fait compensation, non entre les contenances, mais entre les prix qu'elles représentent, et l'action, soit en supplément soit en diminution de prix, n'a lieu que comme dans les cas qui précèdent.

Si la vente est pure et simple ou sous condition résolutoire, la perte ou la détérioration de la chose vendue est pour l'acheteur; que si elle est faite sous une condition suspensive, la perte est pour le vendeur. Dans tous les cas, ce dernier doit, avant la tradition, apporter à la garde de la chose les soins d'un bon père de famille.

Garantie. — On distingue deux sortes de garanties : la garantie de droit et la garantie de fait. La première, qui concerne le droit et la seigneurie de la chose, ou même certaines qualités non apparentes et tellement capitales que sans elles la chose ne pourrait être employée à son usage naturel; la seconde, qui regarde la bonté intérieure de l'objet vendu et ses qualités. Le vendeur est tenu de la garantie de droit en toutes ventes, encore que le contrat n'en fasse pas mention; il n'est tenu de la garantie de fait que quand elle est stipulée.

Garantie en cas d'éviction. — La garantie est due de l'éviction qui provient non-seulement d'une dépossession juridique, mais encore du délaissement que ferait l'acheteur à des créanciers hypothécaires, ou bien du cas où vous m'avez vendu une chose grevé à mon insu d'une cause d'éviction, et où je viens à succéder au véritable propriétaire.

Il est de principe que l'éviction pour autoriser le recours de l'acheteur doit procéder d'une cause antérieure à la vente, à moins qu'il ne s'agisse du fait personnel du vendeur; car alors elle s'étend aux faits antérieurs et postérieurs.

La garantie est de la nature et non de l'essence de la vente; d'où ces conséquences : 1º l'acheteur a droit à la garantie sans la stipuler ; 2º les parties peuvent l'étendre, en diminuer l'effet, et même la supprimer par des conventions particulières (1627, 1628); mais, dans aucun cas, elles ne peuvent décharger le vendeur de la garantie de son fait.

L'obligation de restituer le prix est tellement étroite, que dans le cas même de stipulation de non garantie, le vendeur sera tenu de le rendre, car ce prix serait chez lui sans cause : à moins que l'acquéreur n'ait connu lors de la vente le danger de l'éviction ou n'ait acheté à ses risques et périls.

En cas d'éviction totale de la chose, le prix doit être rendu entier, quand même la chose aurait été détériorée par force majeure ou par la négligence de l'acheteur. Ce dernier, en effet, s'est cru propriétaire; en vertu de son titre il a usé et abusé. Mais si ce même acheteur a tiré profit des dégradations par lui faites sur le fonds vendu, ou si le vendeur lui a payé quelque chose pour l'indemniser d'une charge réelle non déclarée lors du contrat, ou encore si l'acheteur a reçu de la part du tiers qui l'a évincé le prix d'améliorations par lui faites, si enfin l'objet vendu n'a pas de durée perpétuelle (usufruit, bail), il y aura lieu à réduction sur le prix.

Quand la garantie a été promise ou qu'il n'a rien été stipulé à ce sujet, ce n'est plus seulement le prix qui doit être restitué, il faut y joindre : les fruits quand l'acheteur est obligé de les rendre au propriétaire qui l'évince, les frais des demandes en garantie et en revendication, le coût du contrat ; enfin, des dommages et intérêts pour le préjudice causé par l'éviction.

- En cas d'augmentation de la chose, le vendeur est tenu de payer ce que vaut la chose au-dessus du prix de la vente ; mais si cependant la plus value est tellement énorme qu'elle dépasse toutes les prévisions, nous croyons que le vendeur de bonne foi devrait seulement être condamné à payer la somme la plus forte à laquelle les parties, lors du contrat, ont pu s'attendre que les dommages et intérêts pourraient s'élever.

En ce qui concerne les dépenses utiles faites par l'acheteur sur le fonds, le vendeur lui doit rembourser l'amélioration, car c'est là tout ce que l'éviction a fait perdre à l'acheteur.

La loi, après avoir parlé de l'éviction totale de la chose, suppose une éviction partielle, et, dans ce cas, elle fait une distinction : la partie évincée est de telle importance que l'acheteur n'eût point voulu faire le marché sans cette partie ; il peut alors faire résilier la vente (il en est de même lorsque le vendeur n'a pas déclaré à l'acheteur les servitudes non apparentes dont l'héritage vendu est grevé) ; ou bien la partie évincée est de trop peu d'importance pour amener la résolution du contrat, et alors l'acheteur a droit à un remboursement proportionnel, non pas au prix total de la vente, mais à l'estimation de la partie évincée à l'époque de l'éviction, soit que la chose ait augmenté, soit qu'elle ait diminué de valeur.

Le vendeur est déchargé de la garantie lorsque l'acquéreur s'est laissé condamner sans l'appeler, et que le vendeur prouve qu'il existait des moyens suffisants pour faire rejeter la demande. La garantie n'a pas lieu non plus si l'acheteur a connu, lors de la vente, le danger de l'éviction, ou si, comme nous l'avons dit plus haut, le contrat est exclusif de garantie.

La garantie des défauts de la chose vendue. Le vendeur est tenu de la garantie à raison des défauts cachés de la chose vendue, qui la rendent impropre à l'usage auquel on la destine: ou qui diminuent tellement cet usage, que l'acheteur ne l'aurait pas acquise, ou n'en aurait donné qu'un moindre prix s'il les avait connus. Cette garantie n'a pas lieu dans les ventes faites par autorité de justice.

Si le vendeur a connu le défunt et qu'il ne l'ait pas déclaré, il a cherché à tromper l'acheteur, il a commis une action coupable qui doit donner lieu à des dommages et intérêts. S'il ne l'a pas connu, on a égard à sa bonne foi, et il sera tenu moins sévèrement; mais il devra, dans tous les cas, subir ou une résiliation du marché, ou une diminution du prix. N'oublions pas le principe de l'article 1647 : si la chose a péri par suite de sa mauvaise qualité, la perte est pour le vendeur; la perte arrivée par cas fortuit est pour l'acheteur.

Obligations de l'acheteur.

La principale obligation de l'acheteur est de payer le prix. Le paiement se fait, à défaut de stipulations contraires, au lieu et au moment de la délivrance.

A l'obligation de payer le prix vient se joindre celle d'en payer l'intérêt : 1° lorsqu'il a été ainsi convenu lors de la vente ; 2° quand la chose vendue et livrée produit des fruits ou autres revenus; 3° quand l'acheteur a été sommé de payer. Dans le second cas, l'intérêt est dû comme compensation des fruits; dans le troisième, il est dû à titres de dommages et intérêts.

Le défaut de paiement du prix par l'acheteur amène la résolution du contrat. A l'égard des meubles, la résolution a lieu de plein droit et sans sommation après l'expiration du terme convenu pour le retirement; et si le terme n'a pas été fixé, après sommation du vendeur. A l'égard des immeubles, on distingue si la vente contient ou non une stipulation relative à la résolution par le défaut de paiement du prix; toutefois cette clause, si elle est stipulée, n'opère pas de plein droit le retour de la propriété au vendeur : le silence de ce dernier fait présumer son indulgence ; mais dès qu'une sommation est venue détruire cette présomption, l'acheteur ne peut plus obtenir de délai. S'il n'y a pas de clause résolutoire exprimée au contrat, le juge peut accorder un délai plus ou moins long ; après la résolution sera prononcée.

L'acheteur menacé de l'éviction ne peut être forcé à payer, et la loi n'exige pas même qu'il soit troublé : il suffit qu'il ait juste sujet de craindre le trouble. Mais si le vendeur donne caution, ou si l'on a stipulé que nonobstant le trouble l'acheteur paiera, il doit payer.

Du pacte de rachat.

Le pacte de rachat est une clause par laquelle le vendeur se réserve lors du contrat la faculté de reprendre la chose vendue moyennant la restitution du prix et le paiement des indemnités mentionnées en l'article 1673. Du reste cette loi ne distingue pas entre les meubles et les immeubles.

Le fréquent usage de ce pacte qui jetait trop d'incertitude sur la propriété, le peu de bons résultats que produisait le long délai d'autrefois, ont déterminé le législateur à en fixer la durée à cinq ans, ou à la réduire à ce terme lorsque les parties ne l'ont pas réglée, ou qu'elles ont indiqué un terme plus long.

Si le vendeur n'a point usé de la faculté de rachat, la seule expiration du délai rend l'acheteur propriétaire incommutable. Ce délai court contre toutes personnes, et ne peut jamais être prolongé par le juge.

Pour ne pas encourir la déchéance de la faculté de retrait, le vendeur doit faire à l'acheteur, avant l'expiration du délai fixé, des offres réelles.

Le vendeur qui veut exercer, ne peut demander le délaissement qu'après avoir remboursé à l'acheteur le prix principal de la vente et les frais de passation, ainsi que les dépenses nécessaires ou utiles faites par l'acheteur ; mais les dernières ne doivent être remboursées que jusqu'à concurrence de la plus value

qui en est résultée. L'acheteur, de son côté, est tenu de restituer la chose avec ses accessoires ainsi que les accessions qu'elle
a reçues depuis la vente. Il est tenu des dégradations provenant
de sa faute.

La loi ne s'expliquant pas sur les comptes réciproques de fruits
et revenus, ils doivent se compenser. Si la chose n'a pas produit de fruits, le retrayant doit les intérêts.

L'action peut être intentée contre tout tiers détenteur qui ne
recevra que le prix dû à son vendeur, sauf son recours s'il y
a lieu. L'immeuble rentre dans les mains du retrayant libre
de toutes servitudes ou hypothèques, dont il peut se trouver
grevé du chef de l'acheteur. Mais le vendeur est tenu d'exécuter
les baux passés sans fraude par ce dernier.

Pendant le délai, le vendeur est propriétaire sous condition
suspensive, l'acheteur sous condition résolutoire; il en résulte
que tous deux peuvent interrompre la prescription contre les
tiers, et prescrire contre eux. Tous deux peuvent aliéner la
chose, ou la grever de droits réels : l'un sous condition suspensive, l'autre sous condition résolutoire.

L'acheteur peut aussi, lorsqu'il est poursuivi par les créanciers hypothécaires du vendeur, leur opposer le bénéfice de
discussion. Son droit est limité dans le cas de l'art. 1751.

Si en cas d'indivision l'acheteur, sur une licitation provoquée
contre lui, s'est rendu adjudicataire de la totalité de l'objet, le
vendeur est tenu de retirer le tout, s'il veut user du pacte de
rachat.

Si l'objet a été vendu conjointement par plusieurs ou par un
seul, mais qui en mourant a laissé plusieurs héritiers, comme
l'objet est divisible, le droit l'est aussi : dès-lors chacun ne peut
exercer son droit que pour sa part.

Si l'acheteur vient à mourir, laissant plusieurs héritiers, que
la chose soit encore indivise ou non, entre eux, le vendeur a
une action contre chacun en vertu du principe de la divisibi-
lité. S'il y a eu partage, et que l'objet soit échu à l'un d'eux,
l'action en réméré *peut être intentée* contre lui pour le tout,
il est débiteur d'un corps certain.

De la rescision de la vente pour cause de lésion.

La loi n'accorde cette action qu'au vendeur seulement. Elle suppose que des circonstances fâcheuses, des besoins pressants d'argent l'on réduit ainsi à se défaire de sa chose. Des motifs semblables n'existaient pas pour accorder cette action à l'acheteur. La lésion n'a lieu que dans les ventes d'immeubles.

Quand il s'agit de vente d'immeubles, il importe peu qu'elle soit pure et simple ou sous condition, pourvu que cette vente n'ait rien d'aléatoire, soit quant au prix, soit quant à la valeur; car dans ce cas la demande ne serait pas admise. Ainsi la vente de la nu-propriété d'un immeuble, une vente moyennant une rente viagère ne peuvent être rescindée pour cause de lésion.

Cette action n'est pas non plus admise contre les ventes qui d'après la loi, ne peuvent être faites *que d'autorité de justice.* Ainsi les ventes sur expropriation forcée, et celles de biens de mineurs ou d'interdits.

La défaveur évidente attachée à cette action, en a fait limiter la durée à deux ans au lieu de dix, comme dans les cas ordinaires et comme autrefois. Elle doit être exercée nécessairement dans ce court laps de temps, qui se compte à partir de la conclusion de la vente. Ce délai court contre toutes personnes, et n'est pas suspendu au cas de vente faite avec faculté de rachat, pendant la durée du temps stipulé pour l'exercice de ce pacte (1676).

Le vendeur fera rescinder la vente, pourvu qu'il établisse une lésion de plus des sept douzièmes, tandis qu'autrefois une lésion d'outre moitié suffisait; mais il aura son action, encore bien qu'il y eût renoncé dans le contrat, ou qu'il eût déclaré donner la plus value.

Lorsque l'existence de la lésion est reconnue, la vente doit être rescindée, et l'acheteur condamné à restituer l'immeuble, si mieux il n'aime le garder en payant le supplément du juste prix, déduction faite du dixième de la valeur estimative. Le tiers possesseur a le même droit, sauf la garantie contre son vendeur.

L'acheteur, qui use de cette faculté, doit, à compter seul

ment du jour de la demande en rescision, les intérêts de la somme qu'il est tenu de payer. S'il veut rendre l'immeuble, il n'est tenu de restituer les fruits qu'à partir du jour de la demande. Le vendeur doit lui rembourser de suite le prix de vente avec les intérêts à compter aussi du jour de la demande, et même à dater du jour du paiement, si la chose n'a produit aucuns fruits. Le vendeur doit encore rembourser les dépenses nécessaires, et celles utiles jusqu'à concurrence de la plus value; mais il ne doit pas restituer les frais et loyaux coûts du contrat. La faveur n'a pu aller jusque-là.

Les hypothèques consenties ou servitudes constituées par l'acheteur s'évanouissent en même temps que la vente, en vertu du principe de rétroactivité.

Le partage peut encore être rescindé, si l'un des cohéritiers établit à son préjudice une lésion de plus d'un quart; c'est-à-dire si la valeur de son lot est inférieure de plus d'un quart à celle qu'il avait dû recevoir; et cela s'entend même des partages faits en justice.

Pour éviter qu'on ne dissimulât le partage sous la forme d'un autre contrat, la loi déclare que l'action en rescision est admise contre tout acte qui a pour objet de faire cesser l'indivision. Il en est ainsi notamment dans le cas où l'indivision a cessé par voie d'échange, de vente, de transaction sur difficultés relatives aux opérations mêmes du partage, et avant le partage (888).

Toutefois, il n'y aura pas lieu à l'action en rescision, si l'acte qui a fait cesser l'indivision renfermait quelque chose d'aléatoire. Ainsi, la vente de droits successifs faite par l'un des co-héritiers au profit de tous les autres ou de quelques-uns d'entre eux, si elle est faite sans fraude et aux risques et périls du cessionnaire, (890). Il s'agit principalement ici d'une fraude faite à la loi.

Pour reconnaître s'il y a lésion, on estimera les objets héréditaires d'après leur état et leur valeur au moment du partage (890).

Quant aux effets de cette action une fois admise, ils sont les mêmes qu'en matière de vente rescindée pour cause de lésion.

Pourvu que le demandeur soit indemnisé, il n'aura plus à se plaindre. Aussi la loi permet-elle aux défendeurs d'arrêter le cours de cette action, et d'empêcher un nouveau partage, en offrant le supplément soit en numéraire, soit en nature. Le maintien de la tranquillité des familles exigeait qu'il en fût ainsi.

Quant à la durée de cette action, il faut appliquer l'art. 1304.

CHAPITRE XII.

DE L'ÉCHANGE.

L'échange est un contrat par lequel les parties se donnent respectivement une chose pour une autre. Comme la vente, c'est un contrat consensuel, synallagmatique, commutatif, à titre onéreux ; comme la vente, il est soumis aux règles de la délivrance et de la garantie, comme la vente, l'échange doit transférer la propriété : si donc l'un des copermutants peut prouver que l'autre contractant n'était pas propriétaire de la chose qu'il lui a livrée, il pourra, en argumentant de l'art. 1184, retenir celle qu'il a promise en rendant celle qu'il a reçue. S'il est évincé, il a le choix de conclure à des dommages et intérêts, ou de répéter sa chose.

L'échange diffère de la vente sous un rapport · au lieu d'argent monnayé, c'est une chose qui est livrée, d'où ces conséquences : 1° chacune des parties n'étant plus spécialement acheteur ou vendeur, il n'y a plus lieu de distinguer leurs obligations réciproques ; 2° la rescision pour cause de lésion n'a pas lieu dans le contrat d'échange. Toutes les autres règles, prescrites pour le contrat de vente, s'appliquent d'ailleurs à l'échange.

CHAPITRE XIII.

DU LOUAGE.

On peut louer ou par écrit, ou verbalement.

Si le bail fait sans écrit n'a encore reçu aucune exécution, et que l'une des parties le nie, la preuve ne peut être reçue par témoins, quelque modique qu'en soit le prix, et quoiqu'on allègue qu'il y a eu des arrhes données. — Le serment peut seument être déféré à celui qui nie le bail.

Lorsqu'il y aura contestation sur le prix du bail verbal dont l'exécution a commencé, et qu'il n'existera point de quittance, le propriétaire en sera cru sur son serment, si mieux n'aime le locataire demander l'estimation par experts ; auquel cas les frais de l'expertise restent à sa charge, si l'estimation excède le prix qu'il a déclaré.

Le preneur a le droit de sous-louer, et même de céder son bail à un autre, si cette faculté ne lui a pas été interdite. — Elle peut être interdite pour le tout ou partie. — Cette clause est toujours de rigueur.

Les articles du titre *du contrat de mariage et des droits respectifs des époux*, relatifs aux baux des biens des femmes mariées, sont applicables aux baux des biens des mineurs.

Le bailleur est obligé, par la nature du contrat, et sans qu'il soit besoin d'aucune stipulation particulière : — 1° de délivrer au preneur la chose louée ; — 2° d'entretenir cette chose en état de servir à l'usage pour lequel elle a été louée ; — 3° d'en faire jouir paisiblement le preneur pendant la durée du bail.

Le bailleur est tenu de délivrer la chose en bon état de réparations de toute espèce. — Il doit y faire pendant la durée du bail, toutes les réparations qui peuvent devenir nécessaires, autres que les locatives.

Il est dû garantie au preneur pour tous les vices ou défauts de la chose louée qui en empêchent l'usage, quand même le bailleur ne les aurait pas connus lors du bail. — S'il résulte de ces vices ou défauts quelque perte pour le preneur, le bailleur est tenu de l'indemniser.

Si pendant la durée du bail, la chose louée est détruite en totalité par cas fortuit, le bail est résilié de plein droit; si elle n'est détruite qu'en partie, le preneur peut, suivant les circonstances, demander ou une diminution du prix, ou la résiliation même du bail. Dans l'un et l'autre cas, il n'y a lieu à aucun dédommagement.

Le bailleur ne peut, pendant la durée du bail, changer la forme de la chose louée.

Si durant le bail, la chose louée a besoin de réparations urgentes et qui ne puissent être différées jusqu'à sa fin, le preneur doit les souffrir, quelque incommodité qu'elles lui causent, et quoiqu'il soit privé, pendant qu'elles se font, d'une partie de la chose louée. — Mais, si ces réparations durent plus de quarante jours, le prix du bail sera diminué à proportion du temps et de la partie de la chose louée dont il aura été privé. — Si les réparations sont de telle nature qu'elles rendent inhabitable ce qui est nécessaire au logement du preneur et de sa famille, celui-ci pourra faire résilier le bail.

Le bailleur n'est pas tenu de garantir le preneur du trouble que des tiers apportent par voies de fait à sa jouissance, sans prétendre aucun droit sur la chose louée, sauf au preneur à les poursuivre en son nom personnel.

Si, au contraire, le locataire ou le fermier ont été troublés dans leur jouissance par suite d'une action concernant la propriété du fonds, ils ont droit à une diminution proportionnée sur le prix du bail à loyer ou à ferme, pourvu que le trouble et l'empêchement aient été dénoncés au propriétaire.

Si ceux qui ont commis les voies de fait prétendent avoir quelque droit sur la chose louée, ou si le preneur est lui-même cité en justice pour se voir condamner au délaissement de la totalité ou de partie de cette chose, ou à souffrir l'exercice de

quelque servitude, il doit appeler le bailleur en garantie, et
doit être mis hors d'instance, s'il l'exige, en nommant le bailleur pour lequel il possède.

Le preneur est tenu de deux obligations principales : —
1° d'user de la chose louée en bon père de famille, et suivant
la destination qui lui a été donnée par le bail, ou suivant celle
présumée d'après les circonstances, à défaut de conventions ;
— 2° de payer le prix du bail au terme convenu.

Si le preneur emploie la chose louée à un autre usage que
celui auquel elle a été destinée, ou dont il puisse résulter un
dommage pour le bailleur, celui-ci peut, suivant les circonstances, faire résilier le bail.

S'il a été fait un état des lieux entre le bailleur et le preneur,
celui-ci doit rendre la chose telle qu'il l'a reçue, suivant cet
état, excepté ce qui a péri où a été dégradé par vétusté ou
force majeure.

S'il n'a pas été fait d'état des lieux, le preneur est présumé
les avoir reçus en bon état de réparations locatives, et doit les
rendre tels, sauf la preuve contraire.

Il répond des dégradations ou des pertes qui arrivent pendant sa jouissance, à moins qu'il ne prouve qu'elles ont eu lieu
sans sa faute.

Il répond de l'incendie, à moins qu'il ne prouve — Que
l'incendie est arrivé par cas fortuit, force majeure, ou par vice
de construction, — ou que le feu a été communiqué par une
maison voisine.

S'il y a plusieurs locataires, tous sont solidairement responsables de l'incendie, — à moins qu'ils ne prouvent que l'incendie a commencé dans l'habitation de l'un d'eux, auquel cas,
celui-là seul en est tenu ; — ou que quelques-uns ne prouvent
que l'incendie n'a pu commencer chez eux, auquel cas ceux-
là n'en sont pas tenus.

Le preneur est tenu des dégradations et des pertes qui arrivent par le fait des personnes de sa maison ou de ses sous-
locataires.

Si le bail a été fait sans écrit, l'une des parties ne pourra
donner congé à l'autre qu'en observant les délais fixés par l'u-
sage des lieux.

Le bail cesse de plein droit à l'expiration du terme fixé, lorsqu'il a été fait par écrit, sans qu'il soit nécessaire de donner congé.

Si, à l'expiration des baux écrits, le preneur reste et est laissé en possession, il s'opère un nouveau bail dont l'effet est réglé par l'article relatif aux locations faites sans écrit.

Lorsqu'il y a un congé signifié, le preneur, quoiqu'il ait continué sa jouissance, ne peut invoquer le tacite réduction.

Dans le cas des deux articles précédents, la caution donnée pour le bail ne s'étend pas aux obligations résultant de la prolongation.

Le contrat de louage se résout par la perte de la chose louée, et par le défaut respectif du bailleur et du preneur, de remplir leurs engagements.

Le contrat de louage n'est point résolu par la mort du bailleur ni par celle du preneur.

Si le bailleur vend la chose louée, l'acquéreur ne peut expulser le fermier ou le locataire qui a un bail authentique ou dont la date est certaine, à moins qu'il ne se soit réservé ce droit par le contrat de bail.

S'il a été convenu, lors du bail, qu'en cas de vente, l'acquéreur pourrait expulser le fermier ou locataire, et qu'il n'ait été fait aucune stipulation sur les dommages et intérêts, le bailleur est tenu d'indemniser le fermier ou locataire de la manière suivante :

S'il s'agit d'une maison, appartement ou boutique, le bailleur paie, à titre de dommages et intérêts, au locataire évincé, une somme égale au prix du loyer, pendant le temps qui, suivant l'usage des lieux, est accordé entre le congé et la sortie.

Sil s'agit de biens ruraux, l'indemnité que le bailleur doit payer au fermier est du tiers du prix du bail pour tout le temps qui reste à courir.

L'indemnité se réglera par experts, s'il s'agit de manufactures, usines, ou autres établissements qui exigent de grandes avances.

L'acquéreur qui veut user de la faculté réservée par le bail, d'expulser le fermier ou locataire en cas de vente, est, en outre, tenu d'avertir le locataire au temps d'avance usité dans le lieu pour les congés. — Il doit aussi avertir le fermier de biens ruraux, au moins un an à l'avance.

Les fermiers ou locataires ne peuvent être expulsés qu'ils ne soient payés par le bailleur, ou, à son défaut, par le nouvel acquéreur, des dommages et intérêts ci-dessus expliqués.

Si le bail n'est pas fait par acte authentique, ou n'a point de date certaine, l'acquéreur n'est tenu d'aucuns dommages et intérêts.

L'acquéreur à pacte de rachat ne peut user de la faculté d'expulser le preneur, jusqu'à ce que par l'expiration du délai fixé pour le réméré, il devienne propriétaire incommutable.

Le locataire qui ne garnit pas la maison de meubles suffisants peut être expulsé, à moins qu'il ne donne des sûretés capables de répondre du loyer.

Le sous-locataire n'est tenu envers le propriétaire que jusqu'à concurrence du prix de sa sous-location, dont il peut être débiteur au moment de la saisie, et sans qu'il puisse opposer des paiements faits par anticipation. — Les paiements faits par le sous-locataire, soit en vertu d'une stipulation portée en son bail, soit en conséquence de l'usage des lieux, ne sont pas réputés faits par anticipation.

Les réparations locatives ou de menu entretien dont le locataire est tenu, s'il n'y a clause contraire, sont celles désignées comme telles par l'usage des lieux, et, entre autres, les réparations à faire, — aux âtres, contre-cœurs, chambranles et tablettes de cheminées. — Au récrépiment du bas des murailles des appartements et autres lieux d'habitation, à la hauteur d'un mètre; — aux pavés et carreaux des chambres, lorsqu'il y en a quelques-uns de cassés; — aux vitres, à moins qu'elles ne soient cassées par la grêle, ou autres accidents extraordinaires et de force majeure, dont le locataire ne peut être tenu; — aux portes, croisées, planches de cloisons ou de fermetures de boutiques, gonds, targettes et serrures.

Aucune des réparations réputées locatives n'est à la charge des locataires, quand elles ne sont occasionées que par vétusté ou force majeure.

Le curement des puits et celui des fosses d'aisance sont à la charge du bailleur, s'il n'y a clause contraire.

Le bail des meubles fournis pour garnir une maison entière, un corps de logis entier, une boutique, ou tous autres appartements, est censé fait pour la durée ordinaire des baux de maisons, corps de logis, boutiques ou autres appartements, selon l'usage des lieux.

Le bail d'un appartement meublé est censé fait à l'année, quand il a été fait à tant par mois ; — au jour, s'il a été fait à tant par jour. — Si rien ne constate que le bail soit fait à tant par an, par mois ou par jour, la location est censée faite suivant l'usage des lieux.

Si le locataire d'une maison ou d'un appartement continue sa jouissance après l'expiration du bail par écrit, sans opposition de la part du bailleur, il sera censé les occuper aux mêmes conditions, pour le terme fixé par l'usage des lieux, et ne pourra plus en sortir ni en être expulsé qu'après un congé donné suivant le délai fixé par l'usage des lieux.

En cas de résiliation par la faute du locataire, celui-ci est tenu de payer le prix du bail pendant le temps nécessaire à la relocation, sans préjudice des dommages et intérêts qui ont pu résulter de l'abus.

Le bailleur ne peut résoudre la location, encore qu'il déclare vouloir occuper par lui-même la maison louée, s'il n'y a eu convention contraire.

S'il a été convenu dans le contrat de louage que le bailleur pourrait venir occuper la maison, il est tenu de signifier d'avance un congé aux époques déterminées par l'usage des lieux.

Celui qui cultive sous la condition d'un partage de fruits avec le bailleur ne peut ni sous-louer ni céder, si la faculté ne lui en a été expressément accordée par le bail.

En cas de contravention, le propriétaire a droit de rentrer en jouissance, et le preneur est condamné aux dommages et intérêts résultant de l'inexécution du bail.

Si, dans un bail à ferme, on donne aux fonds une contenance moindre ou plus grande que celle qu'ils ont réellement, il n'y a lieu à augmentation ou diminution de prix pour le fermier, que dans les cas et suivant les règles exprimées au titre *de la vente.*

Si le preneur d'un héritage rural ne le regarnit pas des bestiaux et des ustensiles nécessaires à son exploitation, s'il abandonne la culture, s'il ne cultive pas en bon père de famille, s'il emploie la chose louée à un autre usage que celui auquel elle a été destinée, ou, en général, s'il n'exécute pas les clauses du bail, et qu'il en résulte un dommage pour le bailleur, celui-ci peut, suivant les circonstances, faire résilier le bail.

En cas de résiliation provenant du fait du preneur, celui-ci est tenu des dommages et intérêts, ainsi qu'il est dit en l'article 1764.

Tout preneur de bien rural est tenu d'engranger dans les lieux à ce destinés d'après le bail.

Le preneur d'un bien rural est tenu, sous peine de tous dépens, dommages et intérêts, d'avertir le propriétaire des usurpations qui peuvent être commises sur ses fonds.

Cet avertissement doit être donné dans le même délai que celui qui est réglé en cas d'assignation, suivant la distance des lieux.

Si le bail est fait pour plusieurs années, et que pendant la durée du bail, la totalité ou la moitié d'une récolte soit enlevée par des cas fortuits, le fermier peut demander une remise du prix de sa location, à moins qu'il ne soit indemnisé par les récoltes précédentes.

S'il n'est pas indemnisé, l'estimation de la remise ne peut avoir lieu qu'à la fin du bail, auquel temps il se fait une compensation de toutes les années de jouissance.

Et cependant le juge peut provisoirement dispenser le preneur de payer une partie du prix en raison de la perte soufferte.

Si le bail n'est que d'une année, et que la perte soit de la totalité des fruits, ou au moins de la moitié, le preneur sera déchargé d'une partie proportionnelle du prix de la location.

Il ne pourra prétendre aucune remise, si la perte est moindre de moitié.

Le fermier ne peut obtenir de remise, lorsque la perte des fruits arrive après qu'ils sont séparés de la terre, à moins que le bail ne donne au propriétaire une quantité de la récolte en nature ; auquel cas le propriétaire doit supporter sa part de la perte, pourvu que le premier ne fût pas en demeure de lui délivrer sa portion de récolte.

Le fermier ne peut également demander une remise, lorsque la cause du dommage était existante et connue à l'époque où le bail a été passé.

Le preneur peut être chargé des cas fortuits par une stipulation expresse.

Cette stipulation ne s'entend que des cas fortuits ordinaires, tels que grêle, feu du ciel, gelée ou coulure.

Elle ne s'entend pas des cas fortuits extraordinaires, tels que les ravages de la guerre, ou une inondation, auxquels le pays n'est pas ordinairement sujet, à moins que le preneur n'ait été chargé de tous les cas fortuits prévus ou imprévus

Le bail, sans écrit, d'un fonds rural, est censé fait pour le temps qui est nécessaire, afin que le preneur recueille tous les fruits de l'héritage affermé.

Ainsi le bail à ferme d'un pré, d'une vigne et de tout autre fonds dont les fruits se recueillent en entier dans le cours de l'année, est censé fait pour un an.

Le bail des terres labourables, lorsqu'elles se divisent par soles ou saisons, est censé fait pour autant d'années qu'il y a de soles.

Le bail des héritages ruraux, quoique fait sans écrit, cesse de plein droit à l'expiration du temps pour lequel il est censé fait, selon l'article précédent.

Si à l'expiration des baux ruraux écrits, le preneur reste et est laissé en possession, il s'opère un nouveau bail dont l'effet est réglé par l'art. 1774.

Le fermier sortant doit laisser à celui qui lui succède dans sa culture, les logements convenables et autres facilités pour les travaux de l'année suivante; et, réciproquement, le fermier entrant doit procurer à celui qui sort les logements convenables et autres facilités pour la consommation des fourrages, et pour les récoltes restant à faire.

Dans l'un et l'autre cas, on doit se conformer à l'usage des lieux.

Le fermier sortant doit aussi laisser les pailles et engrais de l'année, s'il les a reçus lors de son entrée en jouissance; et quand même il ne les aurait pas reçus, le propriétaire pourra les retenir suivant l'estimation.

Le bail est nul envers les créanciers qui font saisir les immeubles du bailleur, s'il n'a de date certaine. (Art. 91., Code de procédure civ). »

C. civ. Les actes sous seing-privé n'ont de date contre les tiers que du jour où ils ont été enregistrés, du jour de la mort de celui ou de l'un de ceux qui les ont souscrits, ou du jour où leur substance est constatée dans des actes dressés par des officiers publics, tels que procès-verbaux de scellés ou d'inventaire.

CHAPITRE XIV.

LÉGISLATION COMMERCIALE.

Des Sociétés.

Les sociétés commerciales, en ce qu'elles diffèrent des sociétés civiles, ne peuvent s'établir par le seul consentement : il faut observer certaines formes qui varient, suivant les diverses espèces de sociétés. Ces sociétés sont de quatre sortes : en nom collectif, anonymes, en commandite et en participation. Cette quatrième espèce de société est appelée par la loi association en participation.

Société en nom collectif.

La société en nom collectif, est contractée par deux personnes ou un plus grand nombre; elle a pour objet de faire le commerce sous une raison sociale, dont les noms des associés peuvent seuls faire partie. Dans cette société, tous les membres sont connus, et chacun d'eux tenu pour le tout, et solidairement des engagements sociaux. La solidarité est de l'essence de cette société et on ne pourrait l'exclure par une convention quelconque.

L'existence de cette société ne peut être prouvée par témoins : elle doit être constatée par un acte, soit authentique soit sous seing-privé; mais la rédaction d'un acte constatant la société ne suffit pas à l'égard des tiers : il faut porter à leur connaissance les clauses qu'il leur est nécessaire de connaître, la loi du 31 mars 1833, remplaçant un décret rendu par l'impératrice Marie-Louise, y a pourvu, en indiquant les formalités à remplir.

Cette notification aux tiers se fait par un extrait de l'acte de société, qui après avoir été transcrit au greffe du tribunal de commerce, reste affiché pendant trois mois dans la salle des audiences, et de plus est inséré dans les journaux désignés par le tribunal. Ces publications doivent être faites, dans un délai de quinze jours, à partir de la date de l'acte, le tout à peine de nullité à l'égard des intéressés. Quant aux tiers ils pourront, soit ne pas reconnaître les clauses, qu'ils sont censés ignorer, soit au contraire s'en emparer et les faire valoir à leur profit contre les associés.

La société en nom collectif est réputée personne civile, elle exerce sa capacité par chacun de ses membres, qui sont tous administrateurs, à moins que ce pouvoir n'ait été délégué à un ou plusieurs d'entre eux.

Société anonyme.

La société anonyme, ainsi nommée parce qu'elle n'existe pas sous une raison sociale, est aussi une personne civile, ayant une dénomination propre, qui ne peut se composer du nom d'aucun des associés, mais se tire de l'objet de l'entreprise.

Cette société est douée également de la capacité de s'obliger envers les tiers, et de les obliger envers elle; mais comme les membres de cette société sont tous inconnus, et n'ont aucune responsabilité personnelle, quand bien même ils auraient administré, le législateur dans l'intérêt des tiers, et afin qu'ils ne fussent pas victimes de leur confiance, dans des entreprises dépourvues de consistance et de garanties, a exigé des formalités plus sévères que pour les autres sociétés. Elle ne peut être formée que par un acte authentique, et de plus elle doit être autorisée et approuvée par une ordonnance royale, rendue sur l'avis du conseil d'État. Cette ordonnance et l'acte d'association seront affichés en entier.

Dans la société anonyme le capital se divise en actions et même en coupons d'actions, division qui permet aux petits capitalistes de prendre part aux plus vastes entreprises. Ces actions sont cessibles, et leur mode de cession varie, selon qu'elles sont au porteur ou nominatives.

L'administration de la société anonyme diffère de celle des autres sociétés, en ce que les associés ne sont pas de plein droit administrateurs. L'administration s'exerce par des mandataires salariés ou non salariés, et qui, associés ou non associés, engagent, en vertu de leur mandat, la société, sans être jamais soumis à aucune responsabilité personnelle.

Société en commandite.

La société en commandite est d'une nature mixte et participe tout à la fois de la société en nom collectif et de la société anonyme.

Elle participe de la société en nom collectif, en ce qu'elle est composée en partie de personnes; ces personnes sont les associés en nom ou commandités. Ils sont comme dans la société en nom collectif, indéfiniment et solidairement responsables. Une raison sociale, nécessairement formée du nom d'un ou de plusieurs des associés, est exigée par le législateur; les associés commandités administrent seuls et de plein droit; en un mot, ils en sont les seuls représentants. Cette société est assujettie aux mêmes formes et à la publicité exigées pour les sociétés en nom collectif.

Elle participe de la société anonyme, en ce qu'elle est composée en parties de choses; les simples bailleurs de fonds se nomment commanditaires; ils n'administrent pas et ne sont tenus comme dans la société anonyme, que jusqu'à concurrence de leur mise. Cependant si les commanditaires s'étaient immiscés dans la gestion de la société, les art. 27 et 28 du Code de commerce les assimilent aux commandités, et ils sont tenus solidairement pour toutes les dettes et engagements de la société, même s'ils avaient agi en vertu d'une procuration.

Le capital de la société en commandite peut, comme celui de la société anonyme, être divisé en actions et coupons d'actions.

Associations commerciales en participation.

Les associations commerciales en participation sont d'un usage très fréquent surtout dans les opérations maritimes. La loi ne lui a pas donné le nom de société, quoiqu'elle en soit véritablement une, limitée, à la vérité, à une ou plusieurs opérations déterminées

Ces sociétés plus restreintes que les autres, ne relèvent que de la convention des parties; elles sont, par conséquent, affranchies de toutes conditions légales, de toutes formalités, et peuvent être prouvées par tous les moyens de preuve, même par la preuve testimoniale si le tribunal juge à propos de l'admettre.

En matière de sociétés commerciales, toutes les contestations entre les associés, lorsqu'elles ne portent pas sur l'existence même de la société, doivent être jugées par des arbitres nommés soit par les associés, soit par le tribunal do commerce, sauf l'appel et le pourvoi en cassation si on n'y a pas renoncé.

De la lettre de change.

La lettre de change n'est que l'exécution d'un contrat primitif dont elle suppose la préexistence, ce contrat est le contrat de change qu'il ne faut pas confondre avec son instrument.

Le contrat de change est une convention par laquelle une personne s'engage envers une autre, moyennant une valeur qu'elle en reçoit ou doit en recevoir, à lui faire toucher telle somme à telle époque, dans un lieu autre que celui où le contrat est formé.

Ce contrat exige dès lors le concours de trois éléments :

1º Une somme que l'une des parties s'engage à faire toucher à l'autre; 2º Une valeur que celle-ci fournit ou s'engage à fournir; 3º La remise d'un lieu sur un autre.

Le contrat de change est consensuel et non solennel, c'est-à-dire que le consentement pour produire son effet, n'est assujetti à aucune forme spéciale, synallagmatique, car chacune des parties s'oblige envers l'autre, par le contrat même. Enfin il est à titre onéreux et du droit des gens.

Le mode le plus ordinaire d'exécuter ce contrat est la lettre de change

La lettre de change est définie par un acte solennel en forme de lettre par lequel le souscripteur mande à une personne résidant dans un autre lieu, de payer une certaine somme à celui au profit de qui la lettre est souscrite ou au cessionnaire de ce dernier.

La lettre de change exige pour sa confection au moins l'intervention de trois personnes; savoir : 1º De celui qui souscrit la lettre de change et qu'on appelle *tireur* ; de celui qui la reçoit et y est dénommé, appelé *preneur* ou donneur de valeur; 3º de celui auquel s'adresse l'ordre de payer et qu'on nomme *tiré*.

Le preneur, s'il fait lui-même usage de la lettre de change contre le tiré, reçoit la dénomination de porteur ; s'il cède ses droits à un tiers, en remplissant les formalités prescrites par la loi, il devient endosseur, et c'est alors le tiers cessionnaire qui est dit porteur. Enfin, le tiré prend le nom d'accepteur s'il s'engage personnellement à payer le montant de la lettre, lorsqu'elle est présentée dans ce but avant l'échéance.

D'autres personnes peuvent encore concourir à la formation

de la lettre de change; mais leur présence n'est que secondaire, tels sont : le tireur pour compte, le donneur d'ordre, l'accepteur et le payeur par intervention, les recommandataires, les domiciliataires, enfin les donneurs d'aval ; nous en parlerons en leur lieu et place.

La lettre de change soumet tous les débiteurs à la garantie solidaire du paiement; elle les rend justiciables des tribunaux de commerce et passibles de la contrainte par corps. Elle oblige les créanciers à l'accomplissement de certaines formalités dans des délais prescrits d'avance, et leur fait encourir, en cas d'inexécution, des déchéances souvent irréparables.

Formes et conditions de la lettre change. La lettre de change peut être rédigée soit sous signatures privées; soit par acte authentique; mais, sous peine de nullité, il faut qu'elle réunisse les conditions et présente les énonciations prescrites par l'article 110; il faut de plus que ces énonciations les plus essentielles principalement soient conformes à la vérité.

La lettre de change doit être tirée d'un lieu sur un autre; elle doit être datée, c'est-à-dire contenir à la fois l'indication du jour et du lieu où elle a été tirée; elle doit énoncer la somme à payer, le lieu où le paiement doit s'effectuer, la valeur fournie en espèces, en marchandises, en compte ou de toute autre manière.

La lettre de change doit indiquer aussi le nom de celui qui doit payer. Si elle a été tirée à plusieurs exemplaires, elle doit le mentionner ; de même que le numéro d'ordre de ces exemplaires, si c'est le premier ou le deuxième, etc.

Enfin elle doit contenir la clause à ordre, afin qu'on puisse la céder par endossement. L'endossement est une sorte de cession simplifiée particulière aux lettres de change et aux autres effets de commerce. Cette clause à ordre est un moyen fort simple de faire entrer les lettres de change dans la circulation, de les faire facilement passer de main en main et de cette manière de remplir en quelque sorte l'office de la monnaie.

La lettre de change peut être indifféremment à l'ordre du donneur de valeur, du tireur lui-même ou d'un tiers, seulement dans le cas où elle est à l'ordre du tireur lui-même; il est de jurisprudence qu'elle n'acquiert toute sa perfection qu'au moyen de l'endossement.

Enfin la lettre de change fût-elle exempte de toute omission et de toute supposition, s'il se trouvait un mineur parmi les signataires, elle serait nulle à son égard, mais sans cesser pour cela de produire tous ses effets à l'égard des autres signataires. La signature d'une femme ou d'une fille non négociante ne vaudrait également à l'égard de celle-ci que comme simple promesse.

La loi reconnaît plusieurs espèces de lettres de change. Il y en a qui sont tirées sur un individu et qui sont payables au domicile d'un tiers; il y en a aussi qui sont tirées, les unes par ordre d'un tiers, les autres sont pour son compte. On dit qu'une lettre de change est tirée par ordre d'un tiers lorsque le tireur agit comme mandataire de ce tiers; elle est tirée pour son compte quand le tireur agit en qualité de commission-naire.

La lettre de change peut être payable à vue ou à un certain délai de vue, à jour fixe, à une ou plusieurs usances, à un ou plusieurs mois, à une ou plusieurs semaines, soit de date, soit de vue, elle peut aussi être payable en foire.

Mais il faut toujours que l'époque du paiement soit fixée d'une manière assez précise pour que le porteur ne soit pas dans l'incertitude sur le moment où il pourra le demander. On ne peut pas faire dépendre le paiement de la lettre de change d'une condition ou de l'arrivée d'un terme incertain. Cette mo-dalité serait incompatible avec la nature du titre dont il s'agit.

L'endossement se fait enfin par la simple déclaration qu'au dos du titre il est remis à la disposition d'un tiers, d'où sa dé-nomination.

Pour que l'endossement transfère la propriété de la lettre de change, il faut qu'il soit daté, qu'il énonce la valeur fournie et le nom de celui à qui il est passé; l'antidate en cette matière est punie des peines du faux.

Lorsque l'endossement réunit toutes ces conditions, on l'ap-pelle régulier, et dès lors il est translatif de propriété; dans le cas contraire, il est dit irrégulier et ne vaut que comme procu-ration.

Par l'endossement le preneur transfère à son cessionnaire tous ses droits contre le tireur, et de plus il s'en rend garant.

Il en est de même de la cession faite par le cessionnaire du preneur et de toutes les cessions subséquentes ; de sorte que le dernier des cessionnaires a, contre le tireur, tous les droits du preneur, et de plus les mêmes droits contre chacun des endosseurs.

En cas de faillite d'un des endosseurs, la loi du 28 avril 1838 a refusé au porteur le droit de demander caution à aucun des autres endosseurs.

Provision. — La provision est une valeur destinée au paiement de la lettre de change.

Le tireur, en s'obligeant à procurer le paiement de la lettre de change, s'oblige à mettre le tiré en [mesure de satisfaire à la demande du porteur ; il doit donc fournir la provision et lui seul est obligé d'en justifier.

Les endosseurs ne peuvent pas être tenus de la fournir, car ils ne sont pas des obligés principaux, mais seulement des garants du paiement de la lettre de change.

La provision peut consister soit en une somme d'argent, soit en une créance que le tireur a sur le tiré, soit en un crédit accordé par le tiré au tireur.

Pour qu'il y ait provision, aux termes et dans l'esprit de la loi, il faut qu'elle existe à l'échéance, qu'elle soit égale au montant de la lettre de change, qu'elle soit exigible à l'échéance et dans le lieu sur lequel la lettre est tirée ; enfin, qu'elle soit disponible, car si le tiré était tombé en faillite avant l'échéance, les valeurs qu'il aurait pu recevoir du tireur ou qu'il pourrait lui devoir, ne donnant plus droit qu'à un simple dividende dans la répartition de l'actif du failli, ne pourraient plus être considérées comme constituant la provision.

Le porteur non payé n'a pas plus de droits sur la provision que les autres créanciers du tireur ; car le tireur s'est engagé à faire toucher au porteur une somme d'argent, et non à lui transporter la propriété de la provision, qui peut consister en toute autre chose qu'en une somme d'argent.

Acceptation. — L'acceptation est l'engagement personnel du tiré de payer la lettre de change à l'échéance.

En principe, le porteur est libre de demander l'acceptation ou de ne pas la demander; mais il ne pourrait s'en dispenser si le tireur lui en avait formellement imposé l'obligation. Il est encore deux cas dans lesquels il ne peut se dispenser de la demander : c'est quand la lettre est tirée à un certain délai de vue et lorsqu'elle est payable à un autre domicile que celui du tiré.

La demande d'acceptation doit être faite avant l'échéance, et le porteur peut la demander par lui-même ou par l'entremise d'un tiers; c'est au domicile du tiré qu'elle doit être demandée et sur la présentation du titre.

Le tiré est libre de donner ou de refuser son acceptation ; il a vingt-quatre heures, à partir de la remise ou de la présentation du titre, pour accepter ou refuser ; à l'expiration de ce délai, il doit rendre le titre sous peine de dommages et intérêts.

Le tiré peut d'ailleurs accepter soit par lui-même, soit par l'entremise d'un tiers par lui autorisé à cet effet ; l'acceptation doit être donnée par écrit en termes exprès et sur le titre lui-même ; elle est exprimée ordinairement par le mot *accepté;* elle doit être signée ; mais la date n'est requise que dans un seul cas, celui où la lettre est payable à un certain délai de vue, et encore, dans ce cas, si la date de l'acceptation a été omise, on y supplée par celle même de la lettre; alors le délai de l'échéance court à partir de cette dernière date.

Lorsque la lettre est payable dans un lieu autre que celui de la résidence de l'accepteur, l'acceptation devra indiquer le domicile où le paiement s'effectuera.

Enfin, comme le tiré n'est appelé qu'à exécuter le contrat intervenu entre le preneur et le tireur, il ne saurait le modifier, et, par conséquent, faire une acceptation conditionnelle ; mais il peut n'accepter la lettre que pour partie, et même il peut se former entre le tiré et le porteur certaines conventions synallagmatiques; par exemple, ce dernier peut accorder une échéance plus éloignée que celle fixée par la lettre.

Par son acceptation, le tiré se constitue débiteur solidaire du porteur, envers lequel il est lié irrévocablement, de sorte qu'il ne pourrait pas se dégager quand bien même le tireur n lui fournirait pas la provision ou serait tombé en faillite, soi avant, soit depuis l'acceptation; mais aussi, par l'effet de so acceptation, le tiré ne peut plus être contraint de se dessais du montant de la provision qui doit lui rester pour le couvr des conséquences de son engagement.

L'acceptation fait supposer l'existence de la provision dai les rapports de tireur et du tiré, et non dans ceux du tireur du porteur; car le porteur n'a pas à s'immiscer dans les rap ports existants entre le tireur et le tiré.

Le refus total ou partiel d'acceptation se constate par u acte qu'on appelle *protêt faute d'acceptation.*

Le porteur, qui n'est pas tenu de demander l'acceptatioi n'est pas non plus, en général, obligé de faire dresser prote tant qu'il se trouvera dans le délai pendant lequel il lui e permis de demander l'acceptation. Ce délai est de six moi pour les lettres payables à vue, à un ou plusieurs jours de vu plusieurs mois ou usances de vue, sauf l'augmentation à raiso des distances. Dans tous les cas, le porteur est en droit de de mander l'acceptation pendant tout le laps de temps qui sépar la date de la lettre de son échéance.

Le protêt est tout à la fois une sommation d'accepter la lettr de change et un acte qui constate le refus d'acceptation, l protêt est ordinairement fait par un huissier.

Le porteur est en droit après avoir fait protester de notifie aux tireurs et endosseurs l'acte de protêt. Par cette notifica tion, il les place dans l'alternative ou bien de donner, chacu en ce qui le concerne, l'équivalent de la garantie qu'il aura trouvée dans l'acceptation du tiré, c'est-à-dire caution que l lettre sera payée à l'échéance ou bien de la rembourser d suite avec les frais de protêt et de rechange.

Le remboursement dans ce cas s'effectue au moyen d'un nouvelle opération de change, appelée rechange.

Si le tiré est tombé en faillite avant ou après avoir accept le porteur, privé par là de la garantie qui lui avait été promis peut, comme dans le cas de refus d'acceptation, demand caution.

Acceptation par intervention. — L'acceptation par inter

ention est l'engagement de payer la lettre, pris officieusement par un tiers, sur le refus du tiré de prendre lui-même cet engagement.

Il est d'usage que le tireur et les endosseurs indiquent sur la ttre une ou plusieurs personnes auxquelles le porteur devra adresser s'il ne peut obtenir l'acceptation du tiré, et, sur le fus du tiré d'accepter, le porteur doit demander l'acceptation e ces personnes qu'on appelle *recommandataires*.

L'acceptation par intervention est mentionnée dans l'acte de rotêt, elle est signée par l'intervenant qui doit notifier sans aucun délai son intervention à celui pour qui il est intervenu.

Celui qui accepte par intervention devient obligé au paiement de la lettre de change de la même manière que le tiré y serait obligé s'il avait accepté ; mais il ne devient pas débiteur u lieu et place du tiré ; c'est une simple garantie qu'il offre ; ussi sera-ce toujours au tiré à qui le porteur sera tenu de demander le paiement à l'échéance, et l'obligation de l'accepur par intervention doit même cesser, bien que le tiré refuse e payer et laisse protester de nouveau ; si un tiers offre d'acitter la lettre pour un endosseur antérieur à celui pour le compte duquel l'acceptation par intervention a été donnée.

Aval. — L'aval est une espèce de cautionnement donné en aveur du porteur de la lettre de change. Celui qui se porte garant de cette manière s'appelle *donneur d'aval.*

Cette garantie peut être donnée sur le titre lui-même ou par cte séparé, soit authentique, soit sous seing-privé, et celui qui la donne est en droit de régler lui-même l'étendue de l'obligation qu'il contracte.

Le donneur d'aval est un obligé principal à l'égard du porteur, mais il n'est caution qu'à l'égard de celui pour lequel il s'est engagé.

L'aval peut être donné par toute personne capable de s'obliger et qui n'est pas tenue à un titre au paiement de la lettre de change.

Il peut être donné pour quiconque est obligé au paiement de la lettre, tireur, endosseur, accepteur.

Le donneur d'aval peut se prévaloir des mêmes exceptions que celui pour qui il s'est engagé.

Paiement. — En matière de lettre de change, le créancier non-seulement peut, mais doit demander le paiement le jour de l'échéance. C'est là tout à la fois pour lui un droit et une obligation.

L'époque précise de l'échéance peut être déterminée ou indéterminée. Elle est indéterminée; lorsque la lettre est payable à vue ou à certain délai de vue (mois ou usances; à vue, la lettre est payable à sa présentation; à un certain délai de vue, l'échéance en est fixée par la date de l'acceptation ou par celle du protêt faute d'acceptation, ou bien encore par celle du visa, si le porteur s'en est contenté. Dans l'un et l'autre cas, le porteur doit présenter la lettre dans les six mois de sa date pour en exiger le paiement ou pour faire courir le délai de l'échéance.

L'époque de l'échéance est déterminée quand la lettre est payable à jour fixe, par exemple, le premier ou le dernier jour de tel mois, ou bien lorsqu'elle est payable à un certain délai de date (mois ou usances). L'usance est un délai fixe de trente jours, et le mois, au contraire, est un délai variable, tantôt de trente jours, tantôt plus, tantôt moins, suivant le nombre des jours dont se composent les mois, d'après le calendrier grégorien.

Le paiement doit être fait en numéraire, et même dans les espèces indiquées par la lettre, si elle renferme à cet égard une stipulation suffisamment explicite.

Le paiement peut être fait en pièces d'or ou d'argent; mais le créancier ne peut être forcé à recevoir en monnaie de billon que l'appoint de la pièce de 5 fr., c'est-à-dire 4 fr. 95 c. au plus.

D'après l'ordonnance de 1673, le porteur de la lettre ne pouvait pas recevoir un paiement partiel à moins de perdre son recours contre les endosseurs; mais le législateur moderne lui a aujourd'hui donné ce droit et a en même temps décidé qu'en faisant protester pour le surplus, il conserverait tous ses droits contre le tireur et les endosseurs. Le porteur ne pourrait même pas aujourd'hui se dispenser de recevoir le paiement partiel qui lui serait offert, car il serait en faute d'enlever par son refus antérieur, et aux endosseurs l'avantage d'être affranchis

de toute responsabilité jusqu'à concurrence de la somme of-
ferte.

Comme en matière de lettre de change, la ponctualité dans
les paiements est de la plus haute importance, on a interdit
aux juges d'accorder au débiteur, sous quelque prétexte que
ce soit, aucune prorogation de délai; c'est au même motif
qu'il faut rapporter la disposition de l'art. 146, qui déclare que
le porteur d'une lettre de change ne peut être contraint d'en
recevoir le paiement avant l'échéance, et aussi l'art. 149, qui
a voulu prévenir les entraves qu'on aurait pu apporter aux
paiements par des oppositions dilatoires multipliées.

Le tiré qui a accepté n'est tenu de payer qu'à celui qui lui
présente le titre ou l'exemplaire revêtu de son acceptation. Le
porteur, en retour du paiement qu'il reçoit, laisse la lettre
entre les mains du tiré, et, pour assurer d'autant mieux la
tranquillité de celui-ci, il écrit sur le dos de la lettre le : *pour
acquit*, suivi de sa signature.

Quand le porteur d'une lettre de change vient à la perdre, il
peut obtenir un nouvel exemplaire. Pour cela, il doit s'adresser à son cédant, qui est tenu de lui prêter son nom et ses
soins pour agir contre l'endosseur antérieur, et ainsi de suite,
en remontant jusqu'au tireur. Il y a obligation pour celui-ci
de délivrer un nouvel exemplaire, sur lequel chaque endosseur rétablit successivement son endossement avec sa date, de
sorte que ce nouvel exemplaire est la reproduction fidèle de
l'exemplaire perdu.

Paiement par intervention. — Sur le refus du tiré de payer,
un tiers peut intervenir et acquitter la lettre pour le compte du
tireur ou l'un des endosseurs, c'est là ce qu'on appelle payer
par intervention.

L'intervention et le paiement doivent être constatés dans
l'acte de protêt; quand il y a plusieurs intervenants, celui qui
opère le plus de libération est préféré. Si celui sur qui la lettre
était tirée, et qui, après avoir refusé de payer comme tiré,
s'offre de payer par intervention, il sera préféré à tous les
autres.

Droits et devoirs du porteur. — Le porteur est tenu de réclamer le paiement le jour de l'échéance; s'il n'est pas payé,

il doit faire constater ce refus par un protêt, faute de paiement.

Cet acte de protêt est d'une nécessité indispensable, en ce sens qu'il ne peut être remplacé par aucun autre.

Le protêt, faute de paiement, a pour but de constater à la fois que le tiré a refusé le paiement et que le porteur s'est acquitté de l'obligation qui lui était imposée de demander le paiement : cet acte est de rigueur, et son omission soumettrait le porteur à la déchéance; c'est pourquoi celui-ci n'est dispensé de faire dresser le protêt faute de paiement, ni par le protêt faute d'acceptation, ni par la mort ou faillite de celui sur qui la lettre est tirée; pourtant il peut en être dispensé par une convention expresse ou tacite.

Le protêt doit être fait le lendemain de l'échéance indiquée par la lettre, excepté lorsqu'il y a impossibilité légale, par exemple, un jour férié, et dans le cas d'empêchement de force majeure.

Le protêt est régi par la loi du lieu où la lettre de change est payable, il doit être fait à la requête du porteur qui peut se faire représenter par un mandataire.

Lorsque le prêteur a fait dresser le protêt, il exerce son recours contre le tireur et les endosseurs de deux manières, ou bien en faisant citer ses garants en justice après leur avoir notifié le protêt, ou bien en tirant sur l'un d'eux une lettre de change par laquelle il se rembourse du capital de la lettre protestée, des intérêts et tous ses frais; il peut aussi employer cumulativement ces deux moyens. Lorsque le porteur poursuit les endosseurs et le tireur par les voies judiciaires, il a le droit, en obtenant permission de justice, de saisir-arrêter leurs effets mobiliers, ce droit, il l'a toujours contre le tiré accepteur.

Le porteur qui exerce l'action en garantie contre les tireurs et endosseurs, soit qu'il les poursuive individuellement, soit qu'il les poursuive collectivement, a quinze jours, à partir de la date du protêt, pour notifier le protêt, et, à défaut de remboursement, les citer en justice; ce délai est augmenté à raison des distances.

Le tireur et tous les endosseurs qui précèdent l'endosseur

poursuivi sont, à son égard, dans la position où il se trouve vis-à-vis du porteur ; ils lui doivent solidairement garantie. Cet endosseur peut donc, comme porteur, exercer contre eux l'action en garantie, soit individuellement, soit collectivement, et il doit l'exercer dans le même délai et avec la même augmentation de délai. Le délai court pour les endosseurs à partir du lendemain de la date de la citation en justice.

Le porteur qui laisse passer le délai prescrit par l'article 160, pour la présentation des lettres à vue, sans demander le paiement, ou qui laisse passer le lendemain de l'échéance sans faire dresser protêt, est déchu de tous droits contre les endosseurs sans que ceux-ci aient aucune justification à faire, et il est déchu de tous droits contre le tireur si celui-ci justifie qu'il y avait provision à l'échéance.

Quant aux endosseurs qui ont laissé passer le délai sans former leur demande en garantie, ils sont déchus de tous droits contre les endosseurs antérieurs et aussi contre le tireur, si celui-ci justifie qu'il y avait provision à l'échéance. La perte résultant de l'insolvabilité devait retomber sur l'un des endosseurs ou sur le tireur, elle est supportée par celui qui a été négligent.

Le tireur et les endosseurs ne sont déchargés vis-à-vis du porteur qu'à raison du préjudice que leur fait éprouver la négligence de ce dernier ; si ce préjudice n'existe pas, la déchéance ne doit pas non plus exister.

Rechange. — Le porteur de la lettre de change protestée peut avoir un besoin immédiat des fonds sur lesquels la lettre de change lui avait donné droit de compter ; aussi, sans attendre l'issue de son action en garantie, il peut alors se rembourser de suite en faisant retraite sur l'un de ses garants, c'est-à-dire en tirant sur l'un d'eux une lettre de change, dans laquelle il comprendra le montant de la lettre protestée et tous ses frais. La nouvelle opération de change qui se réalise par la retraite, est ce qu'on appelle le *rechange ;* on appelle aussi rechange, le prix du change auquel la retraite est négociée.

Lorsque le porteur de la lettre protestée, faute de paiement, emploie pour se faire rembourser la voie du rechange, il ne peut plus comme lorsqu'il exerce l'action en garantie s'adresser à tous les endosseurs et au tireur à la fois, il peut faire rotraite sur celui qui lui convient de choisir; mais les rechanges ne peuvent être cumulés.

Du billet à ordre.

On appelle en général *billet*, un acte sous seing-privé par lequel une personne s'engage à payer à une autre une somme déterminée. Le billet est à ordre lorsqu'il est visible par endossement.

Le billet à ordre doit être daté; il doit, de plus, indiquer la somme à payer, l'époque du paiement, le nom de celui à l'ordre de qui il est souscrit, appelé *bénéficiaire*, et la valeur fournie.

Le porteur du billet à ordre est tenu envers les endosseurs des mêmes obligations que le porteur de la lettre de change; mais on comprend que toutes les règles relatives à l'acceptation et à la provision sont inapplicables au billet à ordre, puisqu'il doit être acquitté par celui même qui l'a souscrit.

Il n'est pas moins clair que le porteur n'est pas tenu de faire le protêt pour conserver ses droits contre le souscripteur, sauf l'application des règles sur la prescription.

FORMULAIRE D'ACTES

EN

MATIÈRE CIVILE ET COMMERCIALE.

Modèle d'obligation pour argent dû.

« Je soussigné D... (*noms, prénoms, profession et demeure*), reconnais devoir à M. B. (*noms, prénoms, professions et demeure*) la somme de (*désigner en toutes lettres la somme*), pour... (*exprimer la cause*), laquelle somme je promets et m'oblige lui rendre avec intérêts, le... (*désigner la date du jour, du mois, de l'an*), *ou* à sa première réquisition, en un seul paiement. A..., ce (*la date du jour et de l'an*).

(Signature.)

OBSERVATION. Si l'acte n'est pas écrit de la main de l'obligé, il doit approuver l'écriture, mettre un *bon* en toutes lettres de la somme qui y est contenue. Il en est de même pour tous les autres actes.

« Approuvé l'écriture ci-dessus. Bon pour la somme le... (*désigner la somme*). »

Modèle d'engagement de paiement à des époques déterminées.

« Entre nous soussigné P...., d'une part;
« Et V...., d'autre part;

« A été convenu ce qui suit; savoir :

« Le sieur P...., créancier du sieur V.... de la somme de....
en vertu d'une obligation sous seing-privé, en date du...., enregistré à...., le... exigible dès maintenant, consent, pour fa-
ciliter audit sieur N.... le paiement de cette somme par lui due,
lui accorder un délai de deux ans, à partir de ce jour, à condition qu'il effectuera le paiement de la totalité de ladite somme
en douze paiements égaux de chacun...., de deux mois en deux
mois à partir du.... et qu'il paiera les intérêts de ladite somme
à raison de cinq pour cent, lesquels intérêts seront joints à
chaque paiement, et diminueront au fur et à mesure des rem-
boursements du capital; à condition, en outre, qu'à défaut du
paiement desdites portions du capital et des intérêts aux époques fixées, la totalité de la somme mentionnée en l'obligation
ci-dessus, et les intérêts échus seront exigibles de suite, nonobstant les délais accordés par le présent, lesquels, en ce cas,
seront considérés comme non avenus et nuls.

« De son côté, le sieur V.... s'engage à l'exécution du présent, et promet d'y satisfaire en tout son contenu.

« Ainsi arrêté, fait et signé double. A...., ce.... »

(Signature.)

Modèle de promesse de livrer des ouvrages à une époque fixée.

« Entre nous soussignés, d'une part;

« Et d'autre part :

« A été convenu de ce qui suit, savoir :

« Le sieur.... promet fournir au sieur...., dans le courant
d'un mois, à partir de ce jour.... pièces de...., payables comptant au moment de la livraison; à raison de.... fr. par chaque
pièce, et si, à l'expiration dudit mois, ledit sieur.... n'a pas
fourni audit sieur.... le nombre des.... pièces mentionnées ci-
dessus, il promet fournir, dans le courant du mois suivant, ce
qui restera pour compléter le nombre promis au sieur....; mais
alors le prix de chacune de ces pièces ne sera plus que de....
francs au lieu de.... francs.

« Si le sieur...., à l'époque des livraisons, n'en effectuait pas le paiement comptant, le prix desdites pièces augmentera de.... par chaque quinzaine de retard, et dans ce cas, le sieur.... aura même l'option de reprendre les pièces fournies non payées et de résoudre le présent, sans néanmoins qu'aucune des deux parties puisse exiger des dommages et intérêts de l'une envers l'autre.

« Ainsi arrêté, fait et signé double. A...., ce.... »

Promesse de stipulation de dommages et intérêts en cas d'inexécution.

« Entre nous soussignés...., d'une part ;

« Et...., d'autre part ;

« A été convenu de ce qui suit ; savoir :

« Le sieur.... promet fournir et livrer dans le courant de ce mois, au sieur.... (*désigner l'objet*), à raison de.... francs par chaque....

« Le sieur.... promet payer comptant lesdits..... aussitôt la livraison.

Si le sieur.... n'a pas fait au sieur.... la livraison desdits.... dans le courant du mois, lesdits.... resteront à la charge dudit sieur... qui, en outre sera tenu de payer au sieur.... la somme de.... pour lui valoir pareillement de dommages et intérêts faute d'inexécution de la présente convention.

« Ainsi arrêté, fait et signé double. A...., ce.... »

(Signatures).

Modèle d'obligation solidaire.

Nous soussignés D.... et M...., reconnaissons devoir à M. B...., la somme de.... pour (*désigner la chose*), qu'il a fournie à tous deux conjointement, laquelle somme de.... nous promettons et nous obligeons solidairement, l'un pour l'autre, de payer, dans un mois de ce jour audit M. B.... avec les intérêts à raison de 5 pour 0/0 par an. A...., ce.... »

(*Signatures*).

Modèle de compte de tutelle rendu au mineur devenu majeur.

Compte de tutelle que rend le sieur M... au sieur B... fils mineur du défunt B..., devenu majeur ou émancipé par acte du.... Le présent compte est rendu par suite de la tutelle qu'a eue le sieur M..., depuis.... jusqu'à....

RECETTE.

Art. 1er. Vente de meubles et effets mobiliers de la succession du sieur B...., mineur, suivant procès-verbal dressé par G...., huissier-priseur. Reçu... (*en toutes lettres*), ci. 0 fr. 0 c.

Art. 2. Reçu de M..., débiteur du sieur B...., défunt, en vertu de la somme de... francs, ci. . . . . . 0 fr. 0 c.

Art. 3. Reçu du sieur P... la somme de... francs pour remboursement de la rente de...., constituée par lui au profit dudit sieur B...., par acte.... en date du...., ci. . . . . 0 fr. 0 c.

Art. 4 (*continuer ainsi toutes espèces de recettes*).

Total. . . . . 0 fr. 0 c.

DÉPENSE.

Art. 1er. Payé pour opposition et levée des scellés après le décès dudit sieur B..., la somme de..., suivant la quittance du greffier dudit juge de paix, ci. 0 fr. 0 c.

Art. 2. Payé au sieur G,..., notaire à... qui a procédé à l'inventaire des meubles et effets, titres et papiers, après la reconnaissance et levée des scellés, la somme de...., suivant sa quittance, ci. . . . . . 0 fr. 0 c.

Art. 3. Payé pour frais d'inhumation dudit sieur
B..., la somme de..., suivant les quittances de..., ci.   0 fr. 0 c.

Art. 4. Payé pour frais de maladie dudit sieur B...,
la somme de..., suivant les quittances des sieurs...,
ci. . . . .   0 fr. 0 c.

Art. 5. (*Continuer ainsi tous les paiements faits.*)

Total. . . . .   0 fr. 0 c.

A RECOUVRER.

Art. 1er. Dû par le sieur N..., la somme de..., en
vertu de..., et d'après les poursuites contre lui, et
prouvées par..., ci. . . . .   0 fr. 0 c.

Art. 2. Dû par le sieur T..., la somme de..., non
encore exigible, ci. . . . .   0 fr. 0 c.

Art. 3. Dû par le sieur D..., absent depuis... ans,
la somme de..., en vertu..., ci. . . . .   0 fr. 0 c.

Art. 4. (*Continuer toutes les sommes à recouvrer.*)

Total. . . . . . .   0 fr. 0 c.

RÉCAPITULATION.

CHAPITRE I. *Recette.* . . . .   0 fr. 0 c.
CHAPITRE II. *Dépense.* . . . .   0 fr. 0 c.
CHAPITRE III. *Sommes à recouvrer.* . . . .   0 fr. 0 c.

« Du présent compte que déclare et affirme sincère et véritable ledit sieur M..., il résulte que la recette excédant la dépense de..., ledit sieur M... est redevable audit sieur B..., fils,
de la somme de...; *ou* la dépense excédant la recette de la
somme de..., ledit sieur B.., fils est redevable audit sieur
M... de la somme de...

« Il résulte pareillement que ledit sieur M... a, par suite de
sa gestion, encore à recouvrer, de différentes personnes, la
somme de... en totalité, lesquels recouvrements n'ont pu être
faits par lui, ainsi qu'il en justifie. Fait à..., ce... » (*Signatures.*)

Décharge d'un compte de tutelle.

« Je soussigné B..., fils du défunt B..., reconnais que le sieur M..., mon tuteur, m'a rendu compte de la gestion et administration qu'il a eue pendant ma minorité de la succession de B..., mon père, depuis... jusqu'à ce jour, et qu'après l'examen de ce compte, que j'ai trouvé juste, et la balance que j'ai faite de la recette avec la dépense, ledit sieur M..., s'étant trouvé mon redevable de la somme de..., m'a présentement remis ladite somme ; *ou*, qu'après la balance que j'ai faite de la recette avec la dépense, ledit sieur M... s'est trouvé entièrement quitte avec moi ; je reconnais pareillement que ledit sieur m'a remis tous les titres et pièces concernant la succession dont il a eu l'administration pendant ma minorité, ainsi que tous titres et renseignements concernant les recouvrements qui restent à faire, pourquoi je le tiens quitte et décharge. A..., ce... »   (*Signature.*)

Reconnaissance d'une somme due par un tuteur sur un compte de tutelle.

« Je soussigné M..., ayant eu la gestion et l'administration de la succession du sieur B..., décédé le..., comme tuteur du sieur B..., son fils mineur, et actuellement majeur, reconnais, d'après le compte de tutelle que j'ai rendu audit B... fils, cejourd'hui, et dont il m'a donné quittance et décharge, ainsi que de la remise de tous les titres, pièces et papiers que je lui ai faite, être débiteur, sur ledit compte, envers le sieur B..., de la somme de..., laquelle somme je promets et m'engage lui payer, en un seul paiement, le... (*l'époque*), *ou* en... paiements différents ; le premier, le... ; le second, le... ; le troisième, le..., avec intérêt à raison de cinq pour cent par an. A... ce... »   (*Signature.*)

Reconnaissance d'une somme due à un tuteur sur un compte de tutelle.

« Je soussigné B..., fils de défunt B..., reconnais que, sur le compte de tutelle que le sieur M..., mon tuteur, m'a rendu cejourd'hui, et dont je le tiens quitte et décharge, ainsi que de la remise de tous les titres et papiers qui concernent la succession dont il a eu la gestion et l'administration pendant ma minorité, d'après l'examen que j'ai fait dudit compte et la balance de la recette avec la dépense, je lui suis, sur ledit compte, resté redevable de la somme de..., laquelle somme je m'oblige à lui payer d'après les termes et délais qui seront convenus entre lui et moi. *(Signature.)*

Piéces justificatives du présent compte, remises cejourd'hui à B... par M..., son tuteur.

1º Un dossier contenant... pièces, qui sont les actes de tutelle, d'inventaire, d'émancipation, et une feuille où sont portées les recettes et dépenses diverses, les titres d'acquisitions des biens de..., etc., etc.

2º Un autre dossier contenant les mémoires et quittances formant la dépense du présent.

Fait à..., le..., an...   *(Signature du tuteur.)*

Modèle d'un acte de partage de succession entre héritiers majeurs.

Le... de l'an...

Entre nous soussignés, tous enfants et héritiers de... notre père, décédé à... le... 1º... domicilié à... 2º... demeurant à... etc.

LOTS.

Le premier lot se compose : 1° de la maison sise à... n°... ci-dessus, bornée et désignée dans l'état où elle se trouve actuellement;

2° D'une autre maison sise à..., n°..., ci-devant désignée.

2° LOT.

Se compose : 1° d'une maison sise commune de...;

2° D'une pièce de terre sise audit lieu, de la contenance de... hectares... ares, triège, limitée...

3° D'une autre pièce de terre, etc.

3° ET DERNIÈR LOT

Se compose de dix pièces de terres labourables situées commune de...

La 1re..., etc.

La 2e..., etc.

Ainsi de suite.

Les lots ainsi faits, nous déclarons les admettre, et n'avoir aucunes réclamations à faire contre leur formation; ensuite nous avons tiré au sort : le 1er lot est échu à..., le 2e à..., et le 3e à..., pour, par nous, en faire jouir et disposer en toute propriété, comme de choses à nous appartenant à dater de ce jour.

Les présents lots seront garants les uns des autres.

Les maisons ou terres qui composent les présents lots seront prises dans l'état sans répétition de mesure ni de surmesure.

Chacun des copargeants sera tenu de souffrir les servitudes existant sur son lot, si aucunes existent : sauf à s'en défendre à ses risques et périls, et sans appeler ses cohéritiers aux contestations qui pourraient naître à cet égard.

Nous reconnaissons en outre que les meubles ont été partagés et les dettes payées en commun; s'il s'en découvrait d'autres, elles seraient pareillement acquittées par chacun suivant nos parts contributives, et que les titres des propriétés ont été également remis à chacun de nous concernant chaque lot, ainsi que ceux des rentes.

Les droits de mutation dus pour succession, les frais d'enregistrement et de timbre du présent acte seront payés par portions égales.

Fait et signé triple après lecture à ⸱ l'an et jour susdits.

(Les signatures avec approbation d'écriture).

Modèle de testament olographe.

Je soussigné (*noms, prénoms, profession et domicile*), étant en santé de corps et d'esprit, et voulant disposer pour le temps où je n'existerai plus, donne et lègue à (*nom, profession et domicile du légataire, parents ou amis*), tous mes biens meubles et immeubles, dont il m'est permis de disposer, conformément à la loi. Fait à..., le..., an...

Autre formule.

Je soussigné (*comme en la précédente*) donne et lègue à.... pour en jouir après mon décès, la somme de... fr., une fois payée.

Je donne et lègue à..., la somme de... fr., de rente viagère ou perpétuelle.

Je donne et lègue à..., etc. Je veux que le surplus de mes biens soit partagé entre tous mes héritiers, en conformité de la loi : telles sont mes dispositions de dernière volonté. A..., le..., an...

Autre formule.

Je soussigné, etc... donne et lègue à M. (*désigner l'objet*), comme un gage de ma reconnaissance, pour toutes ses peines et soins. A..., le..., an...

Le testament olographe ne sera point valable s'il n'est pas écrit en entier, *daté et signé* de la main du testateur ; il n'est assujéti à aucune autre forme (art. 970).

De la vente d'objets mobiliers et marchandises.

L'an..., le..., entre les sieurs V.... et M...., soussignés...

A été arrêté les conventions suivantes : que le sieur V.... déclare par le présent vendre avec garantie de revendication ou autres empêchements quelconques au sieur M.... qui accepte les meubles, effets et marchandises dont le détail suit :

Une commode en acajou, à quatre tiroirs, à dessus de marbre (continuer à détailler, ainsi que les marchandises).

Tous lesquels objets ci-dessus détaillés, appartenant au sieur V...., ont été par lui livrés, à l'instant, au sieur M.... qui reconnaît les avoir en possession pour faire et en disposer à sa volonté, ainsi qu'il avisera, comme de chose à lui appartenant présentement.

Ladite vente est faite moyennant le prix et somme de... fr., que le sieur M.... a payé à l'instant à M. V...., qui le reconnaît et en donne d'autant quittance et décharge.

Fait et signé double après lecture, l'an et jour susdits.

(Signature avec approbation.)

(Si la livraison ne se faisait au moment de la vente et que le paiement fût à terme, il faudrait insérer cette clause.)

Tous les meubles présentement vendus, ci-dessus détaillés et désignés, seront livrés par le sieur V.... à son domicile, le... prochain, à M. M.... pour être à sa disposition, les enlever, en faire et disposer de la manière qu'il avisera, comme de chose à lui appartenant en propriété.

La présente vente est faite pour le prix et somme de... fr., que le sieur M.... s'oblige à payer au sieur V.... ou à son domicile ; en trois termes et paiements égaux, le premier le..., le deuxième le..., et le troisième et dernier le... ; pour solde, sur les quittances qui lui seront données par le sieur V.... ; ces paiements étant effectués, le sieur M.... sera valablement quitte et déchargé du prix de ladite vente, et le double de la vente lui sera remis.

Fait et signé double après lecture faite, l'an et jour susdits.

Vente d'immeubles.

L'an..., le..., nous soussigné F..., propriétaire, demeurant à..., et M..., demeurant à...

Avons fait les accords et conventions comme acte synallagmatique ou bilatéral, dont la teneur et conditions ainsi qu'il suit :

Que moi F..., de mon gré, franche et libre volonté, et sans force ni contrainte, ai, par le présent, vendu, cédé, quitté et délaissé, dès maintenant et pour toujours, avec garantie de tous troubles, évictions, dettes, charges, hypothèques et autres empêchements généralement quelconques, sous l'obligation générale et spéciale de tous mes biens, meubles et immeubles, présents et à venir,

Au sieur M..., demeurant à..., acquéreur ou acceptant pour lui, ses héritiers ou ayant-cause;

C'est à savoir les pièces de terre ci-après désignées, au nombre de sept, situées commune de..., canton de..., département de... :

La première, au triège de..., contenant... hectares... ares... centiares, limitée D. C..., D. C..., D. B... et D. B...

La deuxième, au triège de (*comme ci-dessus, continuer jusqu'à la dernière*).

Lesdites pièces de terres labourables en l'état qu'elles sont et se comportent, sans recherche de mesure, fourniture ni répétition de surmesure, soit du plus ou du moins, lequel sortira au profit de l'acquéreur, le tout appartenant au vendeur, au droit de l'acquisition qu'il en a faite du sieur G..., par acte passé devant Me..., notaire à..., le... (*ou* à lui échues de la succession de..., suivant lots et partages en date du..., *etc.*).

Pour de la propriété, possession et jouissance être prises par le sieur M..., acquéreur, à l'expiration du bail fait au sieur B... par le vendeur, le..., signé double, enregistré à..., le...; et, en attendant, le vendeur s'oblige de payer et tenir compte à l'acquéreur de l'intérêt de son argent, faisant le principal de la présente vente, à raison de cinq pour cent, intérêt permis par la loi, par chacun an à l'échéance de ce jour, pour commencer le premier paiement dans un an et continuer jusqu'à la prise de jouissance qui en sera faite par l'acquéreur, à l'époque de..., à laquelle l'intérêt cessera de courir et sera éteint pour, par l'acquéreur, faire et disposer de la propriété, à ladite époque, comme de chose à lui appartenant, ainsi et de la manière qu'il avisera bien ; en conséquence, le sieur F... le met et subroge dans tous ses droits, noms, raisons et actions.

A l'effet de ce que dessus, nous nous obligeons respectivement d'accomplir et exécuter la présente vente en tout son contenu, y affectant en tant que besoin tous nos biens meubles et immeubles, présents et à venir.

Ladite vente est faite moyennant la somme de..., pour le prix principal d'icelle, laquelle a été à l'instant payée par le sieur M..., acquereur, en or et argent, espèces sonnantes, au sieur F..., vendeur, qui reconnaît l'avoir reçue ; pour quoi il tient quitte et décharge le sieur M... dudit prix, dont d'autant quittance.

Fait et rédigé double, après lecture, à ..., les jour et an susdits. *(Signature avec approbation.)*

(Si les biens ne sont pas affermés, il faudra mettre la convention suivante et retirer celle ci-dessus.)

Pour de la propriété, possession et jouissance desdites pièces de terre en jouir, faire et disposer par ledit acquéreur, à compter de ce jour ; à l'effet de quoi, moi vendeur, subroge l'acquéreur dans tous mes droits, noms, raisons, actions, possessions, priviléges et hypothèques ; et, dans le cas de troubles et évictions, je m'oblige, comme gage spécial, de mettre en propriété et jouissance ledit acquéreur de la même quantité, valeur et bonté de terrain, présentement vendu à dire d'experts-arbitres, choisis par les parties pour en faire le choix et estimation à véritable valeur, et mettre de suite en possession et jouissance l'acquéreur du terrain, dont estimation sera faite sur les propriétés appartenant à moi vendeur, lesquelles pièces seront désignées par les experts-arbitres.

Autre formule de vente d'immeubles.

L'an..., le..., entre les sieurs N... et V..., cultivateurs, et... son épouse, domiciliés à..., soussignés, a été arrêté ce qui suit :

Que le sieur N... vend, avec toute garantie contre tous troubles, évictions, dettes, charges et hypothèques généralement quelconques,

Au sieur V... et à dame Z..., son épouse, qu'il autorise, demeurant ensemble à..., acquéreurs et acceptants pour eux et leur ayant-cause, conjointement et solidairement.

Les biens immeubles en labour ci-après désignés :

Commune de...

Art. 1er. Une pièce de terre, au triège de..., servant de masure à filasse, plantée d'arbres fruitiers, contenant... hectares... ares... centiares, joignant d'un côté, vers le midi..., d'autre côté, l'article ci-après, d'un bout; vers le levant..., et d'autre bout plusieurs.

Art. 2. Une pièce de terre, au triège de...; en nature de labour, contenant... (*comme ci-dessus.*)

Commune de...

Art. 3. Une pièce de terre plantée en luzerne, au triège de..., contenant..., limitée D. C..., D. C..., D. B... et D. B...

Commune de...

Art. 4. Une pièce de terre plantée en landes, etc.

Les biens immeubles dont la désignation précède sont vendus sans, pour les contenances ci-dessus exprimées, aucunes fournitures ni augmentation de prix pour cause de surmesure.

A ce moyen, le plus ou le moins de mesure, s'il y en a, fût-il de plus d'un vingtième, sera au profit ou à la perte des acquéreurs.

Établissement de la propriété.

Les biens immeubles vendus appartiennent audit sieur N..., ainsi qu'il le déclare, pour les avoir acquis du sieur G... et de..., son épouse, civilement séparée, quant aux biens, dudit sieur G..., avec autres biens non aliénés par le présent, suivant acte reçu en minute par le notaire résidant à..., le..., dûment enregistré et en forme.

Entrée en jouissance.

Les acquéreurs auront les réelles propriété, possession et jouissance de ce jour, et à l'avenir, des biens immeubles ici aliénés, et dont la désignation précède, le tout aux lieu et place dudit sieur N..., vendeur, qui met et subroge les acquéreurs dans tous les droits de propriété, causes, noms, raisons, actions, privilèges et hypothèques qui lui appartiennent sur les biens immeubles présentement vendus, s'en dessaisissant au profit des acquéreurs, sans exception ni réserve, si ce n'est les fruits existant actuellement aux arbres croissant sur les biens vendus, desquels fruits le vendeur fait réserve à son profit.

Remise des titres.

Le sieur N... promet et s'engage saisir ou aider les acquéreurs de tous les titres qu'il peut avoir ou qu'il pourra recouvrer, ce qui est subordonné à sa bonne foi, concernant la propriété des biens ainsi aliénés.

Les acquéreurs reconnaissent que le sieur N... leur a remis à l'instant l'acte d'acquisition susdaté, à la charge par eux d'en aider, et sous récépissé, les diverses personnes auxquelles le sieur N..., a fait vente de partie des biens qu'il a, comme dit est, acquis des sieur et dame G...

Acquit des impôts.

Les acquéreurs paieront et acquitteront les impôts pour raison des biens qui leur sont ainsi vendus à partir du... prochain et non avant; attendu que ceux de la présente année restent à la charge du sieur N...

Prix de la vente.

Cette vente est faite aux conventions qui précèdent, en outre, moyennant la somme de... fr. de prix principal et pour toutes choses.

Laquelle somme les acquéreurs promettent et s'engagent conjointement et solidairement sans division ni discussion, sous les renonciations aux bénéfices de droits, payer audit N..., vendeur à..., en son domicile, savoir : la somme de... fr., le... prochain; celle de... fr., le... prochain, et enfin celle de..., le...

Au paiement de laquelle somme dans les termes ci-dessus fixés, les biens immeubles ici vendus demeurent affectés et hypothéqués par privilége spécial expressément réservé au vendeur.

Ventilation.

Du prix principal de cette vente, il s'en applique la somme de... fr. pour la valeur de la pièce de terre située sur la commune de... désignée en l'article... ci-dessus, et le surplus pour la valeur des autres pièces.

Déclaration d'emploi.

Le sieur V.. et ladite..., son épouse, déclarent qu'ils se li-
béreront du prix de leur présente acquisition, savoir : la femme
V..., pour la somme de... fr. à elle provenant et faisant le prix
de la vente qu'elle a faite, autorisée de son mari, au sieur B...
demeurant à..., de biens immeubles provenant du chef de...,
suivant contrat passé en minute devant Me..., notaire à...,
le...

En conséquence, ledit sieur V... et ladite... promettent et
s'engagent à faire insérer dans les quittances **que** leur donnera
le sieur N..., leur vendeur, toutes choses utiles et convenables, tendant non-seulement à prouver l'origine des deniers,
mais même pour opérer en faveur de ladite femme... le remploi de ses propres aliénés, et qu'en outre ledit sieur V... ait
et acquiert toutes sûretés sur les biens immoubles, comme dit
est, acquis en remploi de ceux de ladite femme, vendus audit
sieur par le contrat ci-dessus daté ; ce qui est consenti par
ledit sieur V..., et formellement et expressément accepté par
ladite..., son épouse, qui renonce à jamais aucunement troubler, inquiéter ni rechercher ledit sieur V... dans l'effet de son
acquisition dudit jour.

Et ledit sieur V..., pour une somme de... fr. de ses propres
deniers.

De cette déclaration d'emploi, il résulte que ladite femme
V... est acquéreur par indivis dans les biens immeubles ci-dessus désignés jusqu'à concurrence de la somme de... fr., et
ledit sieur V..., son mari, jusqu'à celle de... fr.

Transcription d'inscription.

Les acquéreurs pourront, si bon leur semble, faire transcrire
le présent acte, mais à leurs frais, aux bureaux des hypothèques dans l'arrondissement desquels les biens immeubles sus-
désignés sont situés ; et si lors de cette transcription, il existe

dès inscriptions, ou qu'il survienne, en temps de droit (procédant du fait dudit N... et ceux des sieur et dame G..., ses vendeurs, portant au surplus celui-là toute garantie aux acquéreurs, en cas qu'ils fussent troublés) ledit sieur M..., promet et s'engage d'en fournir aux acquéreurs main-levée et certificat de radiation dans la quinzaine de la dénonciation qu'ils lui en feraient faire, et de leur en rembourser les frais qu'elles auraient occasionés, à peine, etc.

Malgré l'obligation ci-dessus contractée par le vendeur de fournir main-levée et certificat de toute inscription frappant les biens ici aliénés, comme dit est, procédant du fait dudit... et ceux desdits sieur et dame..., ses vendeurs, il est néanmoins convenu qu'arrivant le cas où les acquéreurs seraient troublés dans la jouissance de la pièce de terre située à..., et désignée en l'acte qui précède, ledit sieur N... ferait tout ce qui serait en son pouvoir pour empêcher ce trouble; mais que ne pouvant y parvenir, il répéterait de suite aux acquéreurs qui l'acceptent, en numéraire métallique, la somme de... fr.

Déclaration par le vendeur

Ledit sieur N..., vendeur, déclare, 1° qu'il n'est tuteur d'aucuns mineurs, ni curateur d'aucuns interdits; 2° que..., son épouse, a une hypothèque légale sur ses biens, pour raison de ses apports mobiliers, dont il n'a pas fait faire ni requis l'inscription sur bordereaux.

En conséquence, les acquéreurs pourront, s'ils avisent que bien soit, mais à leurs frais, remplir les formalités voulues par la loi pour en purger cette hypothèque légale.

Et depuis il est convenu que l'acte d'acquisition, devant énoncé, reste en la possession du sieur N..., vendeur, qui promet et s'engage d'en aider les acquéreurs à toute réquisition et sous récépissé.

Les frais de cet acte seront payés par les acquéreurs.

C'est ainsi que les parties sont, de tout ce qui précède, convenues et restées d'accord.

Dont acte, qui sera passé et renouvelé devant notaire à la première réquisition des parties.

Fait et signé double, après lecture, à..., le..., les jour et an susdits.

(Signatures avec approbation.)

Vente d'une maison et transport de rente.

L'an..., le..., entre les soussignés, il a été convenu et arrêté ce qui suit :

Que le sieur L... et..., son épouse, qu'il autorise à l'effet des présentes, demeurant ensemble en la ville de....

Déclarent, par ses présentes, vendre, céder, transporter et abandonner dès maintenant et pour toujours, promettent et se sont obligés solidairement, sans division, sous les renonciations au bénéfice de discussion, garantir et défendre, savoir, pour l'immeuble ci-après désigné, de tous troubles, dons, douaires, dettes, hypothèques, inscriptions, évictions, et pour la rente en principal et arrérages aussi ci-après exprimés, de toutes saisies et oppositions, et enfin de tous autres empêchements généralement quelconques, sous la garantie et l'obligation de tous leurs autres biens, et sous celle spéciale de l'objet ci-après désigné.

Au sieur G..., demeurant à..., acceptant acquéreur et transportuaire, pour lui, ses héritiers et ayant cause :

1° Une partie de maison, sise en la ville de..., composée d'une cuisine à cheminée, une chambre froide, deux autres à feu avec alcove, une cave y attenant, sur laquelle un petit grenier, une allée et une petite cour contenant environ douze mètres carrés, le tout B. D. C. M..., D. C..., D. B. les vendeurs, et D. B. la grande route de..., sur le bord de laquelle donnent lesdits bâtiments;

2° La somme de 50 fr. de rentes annuelle et perpétuelle, au capital de 1,000 fr., payable tous les ans, en deux paiements égaux, les... en laquelle s'est constitué le sieur D..., demeurant à..., qui en est encore débiteur envers et au profit du sieur L..., suivant acte passé devant M⁰..., notaire à..., le..., pour sûreté de laquelle inscription a été prise au bureau des hypothèques D..., le..., vol..., n°..., au profit du sieur L..., contre le sieur D...

Ainsi que ladite partie de la maison, en circonstances et dépendances, présentement vendue, se poursuit et comporte, sans aucune exception ou réserve.

Appartenant, ladite partie de maison vendue auxdits sieur et dame L...; au moyen de l'acquit que ceux-ci en ont fait, avec une autre partie, qu'ils conservent du sieur V..., suivant acte passé devant M°..., notaire à..., le..., enregistré le..., moyennant, entre autres prix, charges et conditions, la somme de 100 fr. de rente foncière et perpétuelle, au capital de 2,000 fr., exempte de retenue.

Pour, par ledit sieur G..., jouir faire et disposer à ladite partie de maison, en circonstances et dépendances, et ladite rente en principal et arrérages, en toute propriété, et comme de choses lui appartenant totalement à commencer de ce jour.

Et en avoir la jouissance, savoir :

De ladite partie de maison, à commencer de ce jour, et des arrérages de ladite rente par la perception à son profit que le sieur G... en fera du sieur D... des six mois à choir au jour de...

Aux fins desquelles propriétés et jouissances le sieur L... et son épouse, ont mis le sieur G..., acquéreur et transportuaire, en leur lieu et place, et subrogé dans tous les droits, noms, raisons, actions et possessions, priviléges et hypothèques qu'ils avaient sur lesdites parties de maison et rentes vendues et transportées au présent, et ils se sont obligés d'aider au besoin, toutefois et quantes, sous récépissé, le sieur G... de leur contrat d'acquêt sus-daté, qu'ils conservent en leurs mains, attendu qu'il concerne la propriété d'une autre partie de maison dont ils restent propriétaires, promettant de lui remettre sous quinzaine, grosse exécutoire de l'acte créatif de ladite rente devant énoncée,

Aux charges par l'acquéreur qui s'y oblige :

1° De supporter les servitudes passives dont ladite partie de maison vendue peut être grevée, parce qu'il s'éjouira de celles actives qui peuvent y être attachées et en dépendre;

2° De souffrir la jouissance de ladite partie de maison, aux personnes qui justifieront y avoir droit par titre en forme, parce que dans ce cas, il en recevra les loyers, à commencer par ceux qui seront dus à la première échéance, ou autrement de s'arranger avec elles comme il avisera bien à cet égard, mais arrière des vendeurs, et en faisant en sorte qu'ils n'en éprouvent la plus légère inquiétude.

3° D'acquitter la contribution foncière de ladite partie de maison à compter du... ;

4° Et de payer les frais et droits du présent acte, son enregistrement, et le dépôt qui en sera fait ultérieurement.

Les présentes vente et transport sont ainsi faits, en outre des charges et conditions ci-dessus, moyennant la somme de 2,200 fr., dont 1,200 fr. pour la partie de maison, et 1,000 fr. pour la rente de 50 fr. en principal et arrérages, sur laquelle somme de 2,200 fr., ledit sieur G.. a présentement payé comptant aux sieur et dame L..., qui s'en sont saisis, dont d'autant quittance;

Et quant au 2,000 fr. de surplus, ils sont et demeurent compensés entre les vendeurs et l'acquéreur contre pareille somme pour le capital d'une rente de 100 fr. dont les sieurs et dame L... sont débiteurs envers M. G..., par contrat passé devant M^e... notaire à..., le..., au moyen de quoi le sieur G... est totalement libéré du prix des vente et transport à lui faits par le présent, par les sieur et dame L..., et ces derniers sont entièrement quittes et libérés de ladite rente de 100 fr. au capital de 2,000 dont les sieur et dame L... étaient tenus envers le sieur G..., ainsi qu'il est ci-devant dit, pourquoi à cet égard ils se donnent quittance respective.

Néanmoins, les inscriptions qui auraient pu être prises par le sieur V... au bureau des hypothèques de..., pour sûreté de la rente de 100 fr. en principal et arrérages, dont franchissement par compensation vient de s'opérer au présent, tiendra état jusqu'à la transcription et purgation légale du présent acte. Ces formalités remplies, les sieur et dame L... en apporteront main-levée et certificat de radiation, ainsi que toutes autres inscriptions et oppositions.

Les sieur et dame L... accordent au sieur G... et à ses représentants à toujours, par chez eux et par-dessus la partie de maison qu'ils conservent, droit de passage et **tour** d'échelle, conformément à la loi, sur leur terrain seulement, pour réparer, toutefois que besoin sera la partie de maison présentement vendue; de son côté ledit sieur G... accorde droit au sieur et dame L... d'appuyer et bâtir sur le bout de la chambre faisant partie de la maison vendue.

A la sûreté et garantie de la présente vente et transport, les sieurs et dame L... ont affecté et hypothéqué le surplus de la maison vendue au présent dont ils restent propriétaires, consistant en deux creux de bâtiments et en un jardin, le tout tenant D. C... et D. B... à ladite partie de la maison vendue;

Sur lesquels ils consentent que le sieur G... prenne à ses frais inscription et garantie au bureau des hypothèques de..., dans l'arrondissement duquel ils sont situés.

Dont acte, qui sera passé toutefois et quantes devant notaire, aux frais de l'acquéreur, fait et signé double après lecture, à..., l'an et jour susdits.

Nota. Une maison doit être délivrée avec les clefs des portes et autres articles qui en dépendent, les titres, les plans et autres renseignements sont aussi des accessoires, mais le vendeur n'est pas tenu d'en donner d'autres que ceux énoncés au contrat. (*Arrêt. Paris, du 27 mai 1808*), 1605. Code civ.

Formalités à observer pour la vente d'immeubles.

Les actes sous seing-privé contenant vente d'immeubles peuvent être transcrits sur les registres du bureau des hypothèques du lieu où dépendent les biens pour conserver le privilége : ainsi décidé par avis du conseil d'état du 3 floréal an 13, approuvé le 12.

Actes d'échange de propriétés.

Du... de l'an.... entre le sieur V..., demeurant a..., et le sieur M... domicilié à...,.

Il a été arrêté l'échange ci-après, savoir : que le sieur V.., cède et abandonne au sieur M... toutes les terres qu'il a acquises en la commune de... et vendues au nom du gouvernement comme confisquées sur l'émigré C..., suivant adjudication du..., faite au sieur B... qui les a rétrocédées au sieur V..., par acte passé devant Me Z.., notaire à..., le...,

Et le sieur M... cède et abandonne les terres qu'il a acquises du gouvernement, sises en la commune de..., confisquées sur V..., suivant adjudication du...

Les parties ayant déclaré bien connaître les objets réciproquement cédés, elles ont bien voulu se passer de désignation, et elles se sont aussi réciproquement remises aux mains les actes d'adjudication qui en contiennent le détail, ainsi que les quittances finales du receveur des domaines nationaux à...

Les conditions du présent échange, qui est pur et simple, sont que chacun entrera en jouissance par la récolte prochain ou par les fermage représentatifs, que chacun paiera ou acquittera la contribution foncière à compter de l'an.... y compris, comme aussi que tous les labours donnés aux terres cédées seront payés à ceux qui les ont faits, et ce, aussi réciproquement de manière quo le sieur V... paiera les labours donnés aux terres que lui cède le sieur M..., et celui-ci ceux donnés aux terres que cède le sieur V...

Le sieur V... aidera au besoin le sieur M... de l'acte notarié dont a été parlé, le sieur V... le retenant en ses mains parce qu'il contient la cession d'objets non compris au présent; et au surplus, ils demeurent obligés de s'aider réciproquement de tous actes nécessaires à cause des fermages dus jusqu'à ce moment.

Par ce moyen chacune des parties devient dès ce jour propriétaire incommutable de l'objet à elle cédé.

Le présent acte sera, à la première réquisition, enregistré et déposé devant notaires, à communs frais.

Dont et du tout lesdites parties sont convenues et demeurées d'accord, sous la simple garantie de leurs faits et promesses ; en conséquence, elles ont signé au présent fait double, après lecture, à..., l'an et jour susdits.

(*Signatures, avec approbation.*)

(Si l'échange est fait avec retour, on en fera mention dans l'acte.

Transport de créance.

Le..., l'an...,

Entre les sieurs S..., domiciliés à..., et T..., demeurant à..., soussignés,

A été convenu ce qui suit :

Que le sieur S... déclare par le présent céder et transporter, avec promesse de bonne et valable garantie, et même avec obligation de payer, à défaut d'exécution de la part du débiteur ci-après nommé, après simple mise en demeure et insolvabilité,

A. M. T..., ce acceptant,

La somme de » fr. » c., que ledit sieur T... garantit avoir droit de demander et prétendre sur M. V..., pour cause de... ; plus, les intérêts que ladite somme a produits, et ce qu'elle produira jusqu'au remboursement, sans aucune exception ni réserve (*ou* à prendre et recevoir de M. V..., suivant acte, *etc.*)

Pour, par mondit sieur T..., être et demeurer propriétaire du tout, à compter de ce jour, au lieu et place du cédant, qui le met et subroge dans tous ses droits, noms, raisons et actions, possessions, priviléges et hypothèques, s'en dessaisissant au profit du sieur T...

Ce transport est ainsi fait et consenti moyennant la somme de » fr. » c. que M. S.... reconnaît avoir reçue à l'instant, en argent, de M. T..., en bonnes espèces, pour quoi quittance.

Pour faire signifier le présent, tous pouvoirs nécessaires et suffisants sont donnés à M. T... : le coût du timbre et enregistrement du présent sont à sa charge ; dont acte, à...; les jour et an susdits, signé lecture faite.

(Signature, avec approbation.)

Il est besoin d'un double, dans le cas où le prix du transport ne serait pas acquitté, pour rester aux mains du cédant.

Bail à loyer.

Je soussigné..., reconnais, par le présent, avoir donné à titre de bail à loyer et prix d'argent, pour neuf années qui commenceront à... prochain et finiront à pareil jour de l'an... ,

Au sieur..., prenant et acceptant, audit titre aussi soussigné, c'est à savoir :

Une maison d'habitation, sise à..., rue..., portant le n°..., à usage de..., consistant...

Il est expressément convenu que...

Se réserve le bailleur de faire des changements, et s'oblige d'acquitter l'impôt foncier seulement.

A la charge par le preneur d'habiter ladite maison par lui-même, et de ne pouvoir sous-bailler les objets loués sans le consentement du bailleur, et de les entretenir en bon état de réparation, ainsi qu'il est d'usage, etc.

Le présent bail est ainsi fait et moyennant le prix et somme de... fr. par an... payable, etc.

Pour le vin du présent bail le preneur a présentement payé la somme de..., fr. au bailleur, qui le reconnaît, dont quittance.

Fait et signé double à..., le..., après lecture.

Bail à ferme.

Je soussigné..., stipulant au nom et comme usufruitier des biens d..., reconnais avoir par le présent cédé à titre de bail à ferme, pour le temps et espace de neuf années entières et consécutives qui commenceront par la récolte de... et finiront par celles de l'an..., pendant lequel temps il promet faire jouir paisiblement,

Au sieur... ici présent, preneur et acceptant audit titre, aux charges, clauses et conditions ci-après, qu'il promet d'exécuter ponctuellement, c'est à savoir :

Une ferme sise à... composée • 1o de cour édifiée de bâtiments; 2o... acres de terres labourables; 3o etc. • le tout sera pris ainsi qu'il est, sans fourniture ni répétition de mesure, quelle que soit la différence en plus ou en moins qui pourrait s'y rencontrer.

Déclarant le sieur..., parfaitement connaître les objets à lui affermés pour les avoir vus et parcourus, pourquoi il n'en a été exigé d'autres détails; il est à observer que lesdites terres sont situées tant à... qu'en la commune de..., et autres circonvoisines.

Ou... acres terres labourables environ, en plusieurs pièces, situées sur les communes d..., sans fourniture de mesure ni répétition de surmesure (clause expresse), telles qu'elles sont et se comportent en plus ou en moins et qu'en jouit à titre de fermier le preneur, lequel a dit bien connaître les bornements, situations et contenances, et n'en vouloir plus ample désignation; ne font point partie du présent... et tout autant que le bailleur en aurait acquis du sieur... seulement.

Ou, dont le détail suit, par triège et bornement.

A la charge par le preneur :

1o De bien labourer, fumer, ensemencer et cultiver lesdites terres; sans les dessoler, dessaisonner ni décompoter, ainsi qu'il est d'usage.

2o De maintenir et conserver, pendant le courant du présent, les propriétés ci-dessus affermées, de manière qu'il ne soit fait aucune usurpation, parce qu'en cas contraire le preneur intentera action à ses frais et dépens, et la fera juger en justice de paix et en donnera connaissance au bailleur, sauf au dernier, si bon lui semble, à suivre l'instance en cause d'appel.

3o De payer et avancer sans diminution du prix ci-après fixé, pendant le courant du présent, tous les impôts prévus et imprévus, établis et à établir, sous quelques dominations que ce puisse être, auxquels les objets ci-dessus affermés pourront être imposés, et d'en justifier et représenter les quittances tous les ans au bailleur.

4° De faire arracher, pendant le courant du présent, les arbres qui mourront ou tomberont par impétuosité des vents, existant sur lesdites terres, de les faire casser, mettre le branchage en bourrée, et de les rendre à..., à ses frais et à la résidence du sieur..., bailleur.

5° Sera obligé le preneur de faire écheniller, de trois ans en trois ans, et émonder lesdits arbres, faire ôter le bois sec qui reviendra à son profit et rechausser lesdits arbres.

6° De remettre à la fin de sa jouissance les objets affermés en état de culture.

7° Reconnaîtra le preneur, à ses frais, le présent devant notaire, à la première réquisition du bailleur, et lui en délivrera une grosse exécutoire.

Ce bail est ainsi fait et en outre les charges, clauses et conditions ci-dessus, moyennant le prix et somme de... fr. de fermage par an, payable, etc.

S'obligeant même ledit preneur à l'exécution dudit bail par corps, comme s'agissant de fermage de biens ruraux.

DE LA CONTRAINTE PAR CORPS

EN MATIÈRE CIVILE.

Contre les fermiers, pour le paiement des fermages des biens ruraux.

Art. 2062. *Code civil.* La contrainte par corps ne peut être ordonnée contre les fermiers pour le paiement des fermages des biens ruraux, si elle n'a été stipulée formellement dans l'acte du bail. Néanmoins, les fermiers et les colons partiaires peuvent être contraints par corps, faute par eux de représenter, à la fin du bail, le cheptel de bétail ; les semences et les instruments aratoires qui leur ont été confiés ; à moins qu'ils ne justifient que le déficit de ces objets ne procède point de leur fait.

État des lieux.

Entre nous... ;

A été fait et dressé l'état des lieux de la maison désignée par le bail du..., louée par ledit... audit... savoir :

Dans la cuisine...

Lequel état nous avons fait est signé double, à...

Bail des meubles.

1728. Le preneur est tenu de deux obligations principales :

1° D'user de la chose louée en bon père de famille, et suivant la destination qui lui a été donnée par le bail, ou suivant celle présumée d'après les circonstances, à défaut de convention ;

2° De payer le prix du bail aux termes convenus.

1741. Le contrat de louage se résout par la perte de la chose louée, et par le défaut respectif du bailleur et du preneur de remplir leurs engagements.

1752. Le locataire qui ne garnit pas la maison de meubles suffisants peut être expulsé, à moins qu'il ne donne des sûretés capables de répondre du loyer.

Reconnais avoir donné à loyer les meubles dont la description est ci-après, savoir :

Tous lesquels meubles, ledit... reconnaît avoir en sa possession et déclare en être content pour en jouir le temps..., à l'expiration duquel il promet et s'oblige rendre lesdits meubles en bon état de réparations et d'entretien usuel, et même de remplacer ceux brisés, etc.

Résiliation volontaire de bail.

Entre... déclarent, par le présent, volontairement se désister et départir de l'exécution du bail à loyer fait entre... le..., consentant l'un et l'autre réciproquement que ledit bail soit et demeure nul et résolu, sans aucuns dépens, dommages, intérêts et indemnités, pour le temps qui restera à expirer à compter du... prochain, auquel jour ledit... sera tenu et promet vider ladite maison, la rendre libre, en état de réparation, pour par ledit... en faire et disposer comme bon lui semblera sous la condition, néanmoins, que ledit sieur... acquittera audit jour, pour la cassation du bail, en faisant la remise des clés, les loyers alors échus, conformément audit bail, lequel, pour ce seulement, aura son entière force et vertu.

Fait double à...

Autre résiliation volontaire de bail.

Le..., entre..., lesquels, de consentement mutuel, ont par ces présentes résilié, comme de fait ils résilient le bail ci-dessus énoncé pour qu'il cesse d'avoir son effet le... prochain, au plus tard, et plus tôt suivant le cas ci-après prévu.

Ledit sieur... aura la faculté de rester sur les lieux, si bon lui semble, jusqu'audit jour..., cependant, si avant cette époque M... trouve un locataire, il devra quitter sur-le-champ sa jouissance, parce qu'il lui tiendra compte de ladite jouissance au prorata du temps.

Ensuite avons exercé le compte des loyers et frais en tous genres qui sont dus au sieur... jusqu'audit jour. Il en est résulté qu'il est dû à M... une somme de » fr. » c., pour ledit... demeurer quitte, tant des loyers qui échéront, que de tous frais faits jusqu'à ce jour.

Il est encore convenu que du moment où ledit... cessera d'habiter les lieux, il devra payer à M... la somme de » fr. » c. pour les trois mois de jouissance qui échéront le... prochain, sauf à M... à lui tenir compte d'une portion de cette jouissance au prorata du temps, s'il trouve un autre locataire avant le terme; et au moyen de la garantie qui va être donné, ledit... pourra enlever ses meubles toutes fois et quantes.

Pour la plus grande sûreté du paiement de ladite somme de « fr. » c., le sieur... s'est rendu caution solidaire avec le sieur... en faveur de M..., auquel il paiera, s'il ne le fait pas, lorsqu'il quittera les lieux.

Ce fait sans déroger aux clauses du bail pour les réparations auxquelles il est tenu.

Bail à loyer de meubles.

Entre les soussignés F... domicilié à..., et M..., demeurant à...

A été convenu et arrêté ce qui suit :

Que M. F..., donne à titre de loyer pour le temps et espace de... ans, qui ont commencé le..., à courir du..., et finiront à pareille époque en l'an...,

A. M. M..., acceptant et preneur pour le temps sus-exprimé,

Les effets mobiliers dont le détail va suivre et dont M. M. . a l'usage depuis ledit jour... de ce mois, existant ces effets mobiliers dont la maison qu'il occupe comme locataire, rue..., n°...,

Une crémaillère, pelle, pincettes, deux chenets ; (les détailler exactement, en faire la désignation), ces objets font partie de ceux qui ont été loués audit sieur M...., par M. F..., suivant bail sous seing, fait double à la date du..., enregistré le...

Pour par le preneur user des choses ci-dessus détaillées en bon père de famille, à la charge de les rendre en bon état, lui ayant été livrées de même.

Ce contrat de louage est fait moyennant.... fr. de loyer par an, payable tous les six mois; le premier sera dû le..., le deuxième le..., pour ainsi continuer.

Fait et signé double, après lecture, à..., le..., an...

(Signatures des parties.)

Du prêt.

S'il y a eu augmentation ou diminution d'espèces avec l'époque du paiement, le débiteur doit rendre la somme numérique prêtée, et ne doit rendre que cette somme dans les espèces ayant cours au moment du paiement. (*Code civil, art.* 1895.)

Si ce sont des lingots ou des denrées qui ont été prêtés, quelle que soit l'augmentation ou la diminution de leur prix, le débiteur doit toujours rendre la même quantité et qualité, et ne doit rendre que cela. (*Code civil, art.* 1897.)

Le prêteur ne peut pas redemander les choses prêtées avant le terme convenu.

S'il n'a pas été fixé de terme pour la restitution, le juge peut accorder à l'emprunteur un délai, suivant les circonstances.

S'il a été seulement convenu que l'emprunteur paierait quand il pourrait, ou quand il en aurait les moyens, le juge lui fixera un terme de paiement, suivant les circonstances. (*Id. art.,* 1899, 1900, 1901.)

Si l'emprunteur ne peut rendre les choses prêtées en même quantité, qualité, et au terme convenu, il est tenu d'en payer la valeur, eu égard au temps et au lieu où la chose devait être rendue d'après la convention.

Si ce temps et ce lieu n'ont pas été réglés, le paiement se fait aux prix du terme et du lieu où l'emprunt a été fait. (*Id. art.* 1903.)

Si l'emprunteur ne rend pas les choses prêtées ou leur valeur au temps convenu, il en doit l'intérêt du jour de la demande en justice. (*Id., art.* 1904.)

Simple reconnaissance de prêt d'argent.

« Je soussigné N... reconnais par le présent que le sieur D... m'a cejourd'hui prêté la somme de..., laquelle somme je promets et m'engage lui remettre et rembourser le... (*la date*). A..., ce... »

(Signature.)

Reconnaissance de prêt de marchandises.

« Je soussigné N... reconnais par le présent que le sieur E...
m'a cejourd'hui prêté... (*désigner la nature, la qualité, la quantité de marchandises*), lesquelles je promets et m'oblige lui
rendre en telle (*nature, qualité et quantité*), que je les ai reçues.

« Dans le cas où je serais en retard ou dans l'impossibilité de
rendre les mêmes marchandises en telle (*nature, qualité et
quantité*), je promets et m'engage à payer audit sieur E... la
valeur, eu égard au temps et au lieu où les choses prêtées, devaient être rendues, et à payer les intérêts du prix, à compter
du jour fixé pour la restitution des choses prêtées, et sans qu'il
soit besoin, par ledit sieur E...., d'en faire là demande en justice. A....., ce... »

(Signature.)

Reconnaissance de prêt de mari et femme avec déclaration d'emploi.

« Entre nous soussignés N... et N..., épouse dudit N..., de
lui dûment autorisée par le présent, à l'effet de ce qui suit,
d'une part;

« Et G..., d'autre part ;

« Nous... (*nom, prénoms du mari et de la femme*), reconnaissons devoir audit sieur G... la somme de.... qu'il nous a
présentement prêtée, et sous la déclaration que nous lui faisons
d'emploi de ladite somme à payer en partie le prix de l'acquisition d'une maison sise à... à nous vendue par le sieur G...,
par acte passé sous seing-privé (*ou* par-devant notaire), en
date du... moyennant la somme de... dont moitié lui a été
payée comptant, et l'autre moitié le sera sous huitaine; laquelle
somme de... nous promettons et nous nous obligeons de rembourser audit sieur G... dans un an de ce jour, en un seul paiement, avec intérêts de cinq pour cent.

« Et pour plus grande sûreté de l'emploi ci-dessus détermine de ladite somme et de son remboursement, nous promettons de remettre, sous quinzaine, entre les mains dudit sieur G..., une copie en forme du contrat de la vente ci-dessus mentionnée à nous faite, contenant que dans le paiement de ladite acquisition est entrée la somme de... que ledit sieur G... nous a, à cet effet, prêtée, afin que ledit sieur G..., prêteur, ait privilége et hypothèque sur ladite maison, jusqu'à la concurrence de ladite somme de..., et ce à peine de remboursement de suite de ladite somme.

« Ce que ledit sieur G... a consenti.

« Fait et signé double. A... ce... »

(Signature.)

Reconnaissance de prêt avec déclaration d'emploi ou caution.

« Entre nous soussignés d'une part ;

« Et H... d'autre part ;

« A été convenu de ce qui suit ; savoir :

« Moi N.... déclare devoir au sieur H.... la somme de..., qu'il m'a cejourd'hui prêtée pour être employée en l'acquisition d'une maison sise à (*désigner le lieu*), consistant en (*sa description*), appartenant au sieur J... (*le nom du propriétaire*), laquelle ledit J... est dans l'intention de vendre, moyennant la somme de..., et promets et m'oblige rendre audit sieur H... ladite somme de..., dans un an de ce jour avec intérêts à cinq pour cent par an.

« Et pour sûreté de l'emploi de ladite somme de..., conformément à la déclaration ci-dessus, je promets et m'oblige sous un mois de remettre entre les mains du sieur H... une copie en forme de ladite vente, contenant que dans le paiement du prix de l'acquisition de cette maison est entrée ladite somme de..., que ledit sieur H... m'a cejourd'hui prêtée pour compléter ledit paiement, afin que ledit sieur H..., prêteur, ait privilége spécial et hypothèque sur ladite maison, et soit subrogé, jusqu'à la concurrence de ladite somme de..., aux droits du vendeur, et ce sous peine d'être, dans un mois, à défaut de cette justification, contraint au remboursement en entier de ladite somme de..., prêtée par ledit sieur H...

« A ce était présent et est intervenu le sieur I... lequel s'est déclaré et constitué, en son nom personnel, caution envers ledit sieur H... pour le sieur N..., de l'emploi de ladite somme prêtée par ledit sieur H..., et de la justification dudit emploi, et s'est obligé solidairement avec ledit sieur N..., à défaut de cet emploi, remettre audit sieur H..., ladite somme de... par lui prêtée, et en cas d'emploi ci-dessus mentionné, au paiement de ladite somme et des intérêts dus dans un de ce jour.

Fait et signé double à... ce...

(Signatures.)

Reconnaissance de dépôt de divers objets.

« Je soussigné N... reconnais par le présent que M. K... m'a remis en dépôt... (désigner la chose), pour lui être rendu à sa première réquisition.

(Signature.)

Reconnaissance de dépôt de marchandises.

« Je soussigné N... reconnais par le présent que M. L... m'a remis en dépôt... (désigner les marchandises), que je promets lui remettre, à sa réquisition ou à la personne fondée de pouvoirs de lui à cet effet, en tel état que je les ai reçues de lui; sauf le cas où, par évènement imprévu ou force majeure, lesdites marchandises viendraient à périr. A... ce... »

(Signature.)

Reconnaissance de dépôt d'argent.

« Je soussigné N... reconnais que M. M... m'a remis en dépôt la somme de... en... (nombre) pièces d'or de chacune... (la *valeur*), en... (*nombre*) pièces d'argent dont... (*nombre*) de la valeur de..., et... (*nombre*) de la valeur de..., le tout renfermé dans un sac de (*désignation*); laquelle somme de... je promets et m'oblige, par le présent, lui remettre à sa volonté ou à son fondé de pouvoirs pour la recevoir, en tel nombre de pièces ci-dessus désignées que je les ai reçues. A... ce... »

(Signature.)

Reconnaissance de dépôt en cas d'évènement.

« Je soussigné reconnais que cejourd'hui... R...; forcé par... (*ou* incendie, *ou* inondation, *ou* écroulement de sa maison), de retirer de son domicile ses meubles et effets, a déposé dans ma maison les effets suivants.... (*les désigner*), qui ont été placés (*indiquer les lieux*); lesquels meubles et effets, je promets et m'engage lui remettre toutes les fois qu'il le requerra, sans aucune indemnité ni attribution quelconque. A..., ce... »,

(Signature.)

Décharge de dépôt.

« Je soussigné reconnais que M. M... m'a remis cejourd'hui..., sur la demande que je lui en ai faite, les meubles et effets que j'avais déposés en sa maison le..., lesquels consistent en.... (*les désigner*), et que j'ai trouvés en même état que je les avais déposés; pourquoi je le tiens quitte et décharge dudit dépôt. A..., ce... »

(Signature.)

Pouvoir pour se faire représenter à une faillite.

Je soussigné..., donne pouvoir à M... de, pour moi et en mon nom, me représenter à la faillite du sieur..., débiteur de la somme de...;

En conséquence, requérir toutes oppositions, reconnaissance, et levée de scellés; procéder à tous les inventaires et récolements; faire en procédant tous dires, réquisitions et réserves; concourir à la formation de la liste de présentation de candidats pour le syndicat provisoire; faire révoquer, s'il y a lieu, les syndics nommés; faire vérifier ma créance, en affirmer la sincérité, comme je l'affirme par ce présent pouvoir; comme aussi que je ne prête mon nom ni directement ni indirectement à qui que ce soit; vérifier, admettre ou rejeter tous titres produits par les autres créanciers, en constater la validité, se faire rendre compte de l'état de ladite faillite, prendre part à toutes les délibérations de créanciers, consentir toutes remises, accorder termes et délais; traiter, transiger, composer, à cet effet, signer tous actes, tous concordats ou arrangements particuliers, d'y opposer même par les voies extraordinaires; former tous contrats d'union à la majorité, nommer tous les syndics définitifs, caissier et gérant, les révoquer, s'il y a lieu, et en nommer d'autres; remettre ou retirer tous titres et pièces; toucher tout dividende, en donner quittance, passer et signer tous actes, élire domicile, changer les élections, substituer, et généralement faire ce qui sera nécessaire, quoique non prévu en cas présent, promettant l'avouer.

Fait, etc.

Procuration pour recevoir des arrérages de rentes, etc.

Je soussigné (*nom, prénoms, profession et domicile*), donne pouvoir à (*ibid.*) que je constitue mon procureur-général et spécial, de, pour moi et en mon nom, recevoir les arrérages de la rente de... fr. payable le... de chaque année, qui a été constituée à mon profit par le sieur F..., qui en est le débiteur, par acte passé devant Me..., notaire à..., le... (*ou suivant acte sous seing-privé*), fait double le..., enregistré à..., le..., par M... receveur qui a reçu... fr. ; en conséquence toucher lesdits arrérages échus et à échoir, en donner quittance; à défaut de paiement faire diriger toutes poursuites, le traduire en justice devant tous tribunaux, obtenir jugement, requérir expédition, plaider, élire domicile, faire conduire toutes saisies-arrêts et oppositions, saisies mobilières, en donner main-levée, constituer avoués et avocats, les renvoyer, en constituer d'autres, opposer, appeler, transiger, et faire enfin ce que je ferais moi-même, promettant d'agréer tout ce qu'il pourra faire pour le recouvrement de ma créance.

Donné à...., le...., an....

LÉGISLATION

DE

L'ÉNREGISTREMENT ET DU TIMBRE.

EXTRAIT de la loi sur le timbre.

Du 13 brumaire an VII (3 nov. 1798).

Art. 1er. La contribution du timbre est établie sur tous les papiers destinés aux actes civils et judiciaires, et aux écritures qui peuvent être produites en justice et y faire foi.

Art. 2. Cette contribution est de deux sortes :

La première est le droit de timbre imposé et tarifé en raison de la dimension du papier dont il est fait usage;

La seconde est le droit de timbre créé pour les effets négociables ou de commerce, et graduée en raison des sommes à y exprimer, sans égard à la dimension du papier.

Art. 12. Sont assujettis au droit du timbre établi, en raison de la dimension, tous les papiers à employer pour les actes et écritures soit publics, soit privés; savoir :

... Les pétitions et mémoires, même en forme de lettres, présentés aux autorités, administrations et établissements publics.

Les actes entre particuliers sous signature privée, et le double des comptes de recette ou de gestion particulière, et généralement tous actes et écritures, extraits, copies, expéditions, soit publics, soit privés, devant ou pouvant faire titre, ou être produits pour obligation, décharge, justification, demande ou défense ;

2° Ceux des compagnies et sociétés d'actionnaires;

Ceux des établissements particuliers et des maisons particulières d'éducation ;

Ceux des agents d'affaires, directeurs, régisseurs, syndics de créanciers et entrepreneurs de travaux et fournitures ;

Ceux des banquiers, négociants, armateurs, marchands, fabricants, commissionnaires, agents de change, courtiers, ouvriers et artisans;

Ceux des aubergistes, maîtres d'hôtels garnis et logeurs, sur lesquels ils doivent inscrire les noms des personnes qu'ils logent, et généralement tous les livres, registres et minutes de lettres qui sont de nature à être produits en justice et dans le cas d'y faire foi, ainsi que les extraits, copies et expéditions qui sont délivrés desdits livres et registres.

13. Tout acte fait et passé en pays étranger, ou dans les îles et colonies françaises où le timbre n'aurait pas encore été établi, sera soumis au timbre avant qu'il puisse en être fait aucun usage en France, soit dans un acte public, soit dans une déclaration quelconque, soit devant une autorité judiciaire ou administrative.

14. Sont assujettis au droit de timbre, en raison des sommes et valeurs, les billets à ordre ou au porteur, les inscriptions, mandats, mandements, ordonnances, et tous autres effets négociables ou de commerce, même les lettres de change tirées par seconde, troisième et *duplicata*, et ceux faits en France et payables chez l'étranger.

15. Les effets négociables venant de l'étranger, ou des îles et colonies françaises où le timbre n'aurait pas encore été établi, seront, avant qu'ils puissent être négociés, acceptés ou acquittés en France, soumis au timbre ou au *visa pour timbre*,

et le droit sera payé d'après la quotité fixée par l'art. 8 de la présente.

21. L'empreinte du timbre ne pourra être couverte d'écritures ni altérée.

22. Le papier timbré qui aura été employé à un acte quelconque ne pourra plus servir pour un autre acte, quand même le premier n'aurait pas été achevé.

23. Il ne pourra être fait ni expédié deux actes à la suite l'un de l'autre sur la même feuille de papier timbré, nonobstant tout usage ou règlement contraire.

Sont exceptés les ratifications des actes passés en l'absence des parties, les quittances de prix de ventes et celles de remboursement de contrats de constitution ou obligation, les inventaires, procès-verbaux et autres actes qui ne peuvent être consommés dans un même jour et dans la même vacation, les procès-verbaux de reconnaissance et levée de scellés qu'on pourra faire à la suite du procès-verbal d'apposition, et les significations des huissiers, qui peuvent également être écrites à la suite des jugements et autres pièces dont il est délivré copie.

Il pourra aussi être donné plusieurs quittances sur une même feuille de papier timbré, pour à-compte d'une seule et même créance ou d'un seul terme de fermage ou loyer.

Toutes autres quittances qui seront données sur une même feuille de papier timbré n'auront pas plus d'effet que si elles étaient sur papier non timbré.

30. Les écritures privées qui auraient été faites sur papier non timbré, sans contravention aux lois du timbre, quoique non comprises nommément dans les exceptions, ne pourront être produites en justice sans avoir été soumises au timbre extraordinaire ou au *visa pour timbre*, à peine d'une amende de trente francs, outre le droit de timbre.

Extrait de la loi sur l'Enregistrement,

Du 22 frimaire an VII (12 décembre 1798).

Art. 1er. Les droits d'enregistrement seront perçus d'après les bases et suivant les règles déterminées par la présente.

2. Les droits d'enregistrement sont *fixes* ou *proportionnels,* suivant la nature des actes et mutations qui y sont assujettis.

3. Le droit fixe s'applique aux actes soit civils, soit judiciaires ou extrajudiciaires, qui ne contiennent ni obligation, ni libération, ni condamnation, collocation ou liquidation de sommes et valeurs, ni transmission de propriété, d'usufruitier ou de jouissance de biens meubles et immeubles.

Il est perçu aux taux réglés par l'article 68 de la présente.

4. Le droit proportionnel est établi pour les obligations, libérations, condamnations, collocations ou liquidations des sommes et valeurs, et pour toute transmission de propriété, d'usufruit ou de jouissance de biens meubles et immeubles, soit entrevifs, soit par décès.

Ses quotités sont fixées par l'article 69 ci-après

Il est assis sur les valeurs.

22. Les actes qui, à l'avenir, seront faits sous signature privée, et qui porteront transmission de propriété ou d'usufruit de biens immeubles, et les baux à ferme ou à loyer, sous-baux, cessions et subrogations de baux, et les engagements, aussi sous signature privée, de biens de même nature, seront enregistrés dans les trois mois de leur date.

Pour ceux des actes de ces espèces qui seront passés en pays étranger, ou dans les îles ou colonies françaises où l'enregistrement n'aurait pas encore été établi, le délai sera de six mois, s'ils sont faits en Europe ; d'une année, si c'est en Amérique, et deux années, si c'est en Asie ou en Afrique.

26. Les notaires ne pourront faire enregistrer leurs actes qu'aux bureaux dans l'arrondissement desquels ils résident.

Les actes sous signature privée, et ceux passés en pays étranger, pourront être enregistrés dans tous les bureaux indistinctement.

29. Les droits des actes à enregistrer seront acquités, savoir :

Par les parties, *pour les actes sous signature privée et ceux passés en pays étranger, qu'elles auront à faire enregistrer ; pour les ordonnances sur requêtes ou mémoires, et les certificats qui leur sont immédiatement délivrés par les juges et pour les actes et décisions qu'elles obtiennent des arbitres, si ceux-ci ne les ont pas fait enregistrer ;*

Et par les héritiers, légataires et donataires, leurs tuteurs et curateurs, et les exécuteurs testamentaires, *pour les testaments et autres actes de libéralité à cause de mort.*

38. Les actes sous signature privée, et ceux passés en pays étranger, dénommés dans l'art. 22, qui n'auront pas été enregistrés dans les délais déterminés, seront soumis au double droit d'enregistrement.

Il en sera de même pour les testaments non enregistrés dans le délai.

62. La date des actes sous signature privée ne pourra cependant être opposée à la république pour prescription des droits et des peines encourues, à moins que ces actes n'aient acquis une date certaine par le décès de l'une des parties, ou autrement.

Droits fixes.

68. Les actes compris sous cet article seront enregistrés, et les droits payés ainsi qu'il suit; savoir :

§ I". Actes sujets à un droit fixe d'un franc.

4o Les acquiescements purs et simples, quand ils ne sont point faits en justice.

10° Les attestations pures et simples.

12° Les autorisations pures et simples.

13° Les bilans.

14° Les brevets d'apprentissage qni ne contiennent ni obligation des sommes et valeurs mobilières, ni quittance.

15o Les cautionnements de personnes à représenter en justice.

16° Les certifications de cautions et de cautionnements.

17o Les certificats purs et simples, ceux de vie par chaque individu, et ceux de résidence.

19o Les compromis qui ne contiennent aucune obligation de sommes et valeurs donnant lieu au droit proportionnel.

20° Les connaissements ou reconnaissances de chargements par mer, et les lettres de voiture.

Il est dû un droit par chaque personne à qui les envois sont faits.

21° Les consentements purs et simples.

22° Les décharges également pures et simples, et les récépissés de pièces.

23° Les déclarations, aussi pures et simples, en matière civile.

29° Les devis d'ouvrages et entreprises qui ne contiennent aucune obligation de somme et valeur, ni quittance.

31° Les lettres missives qui ne contiennent ni obligation, ni quittance, ni aucune autre convention donnant lieu au droit proportionnel.

36° Les procurations et pouvoirs pour agir ne contenant aucune stipulation ni clause donnant lieu au droit proportionnel.

39° Les reconnaissances aussi pures et simples ne contenant aucune obligation ni quittance.

45° Les transactions, en quelque matière que ce soit, qui ne contiennent aucune stipulation de somme et valeur, ni dispositions soumises par la présente à un plus fort droit d'enregistrement.

TABLE DES MATIÈRES.

CHAPITRE VI.

CHAPITRE VII.

CHAPITRE VIII.

CHAPITRE IX.

CHAPITRE X.

CHAPITRE XI.

LÉGISLATION DE L'ENREGISTREMENT ET DU TIMBRE.

FIN DE LA TABLE DES MATIÈRES.

Lagny. — Imp. hydraulique de Giroux et Vialat.